医药高等职业教育公共基础课程规划教材

医药职业道德

（供医药类各专业使用）

主　编　姜力源

副主编　王　梅　李肖晓

编　者　（以姓氏笔画为序）

王　梅（山东药品食品职业学院）

田　野（济南护理职业学院）

朱湘怡（长沙卫生职业学院）

李肖晓（山东医学高等专科学校）

应　欢（重庆三峡医药高等专科学校）

张兵钱（重庆医药高等专科学校）

相会欣（河北化工医药职业技术学院）

姜力源（山东药品食品职业学院）

鲍　娜（湖南食品药品职业学院）

中国健康传媒集团

中国医药科技出版社

内 容 提 要

本教材为"医药高等职业教育公共基础课规划教材"之一，系根据本套教材的编写指导思想和原则要求，结合专业培养目标和本课程的教学目标、内容与任务要求编写而成。本教材注意突出培养高素质技能型人才的教学特点，深入挖掘医药职业道德教育内涵，提炼出了"敬畏生命、仁心仁术、理明术精、厚朴守正、诚信守法、敬业奉献"的24字药德核心精神，内容包括医药职业道德概述、新时代医药行业发展及职业道德要求、医疗实践中的道德要求、医药职业道德的评价、医药职业者综合素养等。本教材为书网融合教材，即纸质教材有机融合电子教材、教学配套资源（PPT、微课、视频、图片等）、题库系统、数字化教学服务（在线教学、在线作业、在线考试）。

本教材主要供全国高等职业院校医药类各专业教学使用，同时可作为行业主管部门培训市场监管干部及医药企事业单位提升从业人员素质的培训参考书。

图书在版编目（CIP）数据

医药职业道德/姜力源主编. —北京：中国医药科技出版社，2020.12

医药高等职业教育公共基础课程规划教材

ISBN 978 – 7 – 5214 – 2144 – 6

Ⅰ.①医…　Ⅱ.①姜…　Ⅲ.①医药卫生人员–职业道德–高等职业教育–教材　Ⅳ.①R192

中国版本图书馆 CIP 数据核字（2020）第 237111 号

美术编辑　陈君杞
版式设计　友全图文

出版　**中国健康传媒集团** | 中国医药科技出版社
地址　北京市海淀区文慧园北路甲 22 号
邮编　100082
电话　发行：010 – 62227427　邮购：010 – 62236938
网址　www. cmstp. com
规格　889 × 1194 mm $^1/_{16}$
印张　8 $^3/_4$
字数　232 千字
版次　2020 年 12 月第 1 版
印次　2022 年 12 月第 2 次印刷
印刷　北京市密东印刷有限公司
经销　全国各地新华书店
书号　ISBN 978 – 7 – 5214 – 2144 – 6
定价　**35.00 元**

获取新书信息、投稿、为图书纠错，请扫码联系我们。

出版说明

为深入贯彻《现代职业教育体系建设规划（2014—2020年）》以及《医药卫生中长期人才发展规划（2011—2020年）》文件的精神，满足高职高专医药院校公共基础课程培养目标的要求，不断提升人才培养水平和教育教学质量，在教育部、国家卫生健康委员会及国家药品监督管理局的领导和指导下，在本套教材建设指导委员会专家的指导和顶层设计下，中国医药科技出版社有限公司组织全国30余所高职高专院校及附属医疗机构近120名专家、教师精心编撰了医药高等职业教育公共基础课程规划教材，该套教材即将付梓出版。

本套教材共包括12门，主要供全国高等职业教育医药类院校各专业教学使用。

本套教材定位清晰、特色鲜明，主要体现在以下方面。

一、遵循教材编写的基本规律

本套教材编写遵循"三基、五性、三特定"的基本规律。基本理论和基本知识以"必需、够用"为度，兼顾学生终身学习能力的培养。公共基础课程是专业基础课程的基础，应该注意衔接专业基础课程教学的需要。但也注意把握好教材内容的深度和广度，不能要求大而全，以适应全国高等职业教育的需要为度，适当反映学科的新进展。

在保证教材思想性和科学性的基础上，特别强调教材的适用性与先进性。考虑到高等职业教育模式发展中的多样性，在教材的编写过程中，保障学生具备专业教学标准要求的知识和技能，适当兼顾不同院校学生的要求，以保证教材的适用性。教材的基本理论知识（如概念、名词术语等）应避免陈旧过时，要注意吐故纳新，做到科学先进，不陈旧，跟上学科发展步伐，保证内容的科学性和先进性。同时，教材应融传授知识、培养能力、提高素质为一体，重视培养学生的创新、获取信息及终身学习的能力，突出教材的启发性。

二、满足人才培养需要

教材编写应以专业培养目标为导向，满足3个需要（岗位需要、学教需要、社会需要）。这是编写本套教材的重要原则。

1. 岗位需要　是指教材编写应满足工作岗位所需的知识、技能、素质、心理等要求，有利于学生形成科学的思维和学习方法。

2. 学教需要　是指教材编写有利于学生学和教师教，符合学生的认知特点和教学规律。

3. 社会需要　是指教材编写应能够满足社会对学生知识和技能的要求、人文素质要求，使学生不仅能满足当前社会的要求，还具备一定的可持续发展潜力。

三、体现职教特色

高职高专教材不应该是本科教材的缩略版，应该体现职业教育的特色。

1. 以就业为导向，突出实用 高等职业教育培养的是技术技能型人才，不强调人才具有多么高的理论修养和渊博的知识，一切以生产岗位对人才能力的需求为中心，基础课程要突出素质要求，重点培养学生在岗位中必备的身体、心理、人文的素质。

2. 加强人文素养，全面提高学科素质 公共基础课程教材在强调实用的同时，也不能否定课程本身的属性和功能。公共基础课程不单是学习其他课程的基础，也是引导学生自身向高层次发展的基础，更是走向社会生活的基础。教材不仅要培养学生掌握相关的知识，还要引导学生的思想认识、道德修养、文化品位和审美情趣，注重创造力的培养，提高学生的整体素质。

3. 培养自学能力，提高职业能力 终身教育、继续教育已逐渐成为国际公认的教育理念。不会自学，就不会有自我发展和创造能力。教材是教本，教材的编写应注重把学生的自学能力培养起来，教材编写注重让学生触类旁通，举一反三，掌握学习方法，养成自学习惯。

四、多媒融合配套增值服务

纸质教材与数字教材融合，提供给师生多种形式的教学共享资源，以满足教学的需要。本套教材在纸质教材建设过程中增加书网融合内容，此外，还搭建与纸质教材配套的"在线学习平台"，增加网络增值服务内容（如课程 PPT、试题、视频、动画等），使教材内容更加生动化、形象化。

编写出版本套高质量教材，得到了全国知名专家的精心指导和各有关院校领导与编者的大力支持，在此一并表示衷心感谢。出版发行本套教材，希望受到广大师生欢迎，并在教学中积极使用本套教材，提出宝贵意见，以便修订完善，共同打造精品教材。

医药高等职业教育公共基础课程规划教材
建设指导委员会

医药高等职业教育公共基础课程规划教材

评审委员会

数字化教材编委会

主　编　姜力源　王　梅

副主编　李肖晓　朱湘怡

编　者（以姓氏笔画为序）

　　　　王　梅（山东药品食品职业学院）

　　　　田　野（济南护理职业学院）

　　　　朱湘怡（长沙卫生职业学院）

　　　　李肖晓（山东医学高等专科学校）

　　　　应　欢（重庆三峡医药高等专科学校）

　　　　相会欣（河北化工医药职业技术学院）

　　　　姜力源（山东药品食品职业学院）

　　　　鲍　娜（湖南食品药品职业学院）

前言

本教材为"医药高等职业教育公共基础课规划教材"之一，系根据医药高等职业院校人才培养目标，为增强学生职业道德水平和和职业胜任能力，结合本课程大纲，组织全国多所高职高专院校从事专业教学和思政教学的一线教师、学者编写而成。

教材在编写过程中注意突出培养高素质技能型人才的教学特点，深入医药企业，紧密联系生产实践，提炼出"敬畏生命、仁心仁术、理明术精、厚朴守正、诚信守法、敬业奉献"的24字的医药职业道德核心精神，并系统梳理了国内外医药职业道德发展的历史传承，总结了新时代医药行业发展特点及职业道德要求，分类表述了医疗实践中具有一定代表性的道德要求和评价标准，注重医药职业者综合职业素质和道德规范的养成教育。在体例设计上，采用了案例导学、拓展促学、实践研学等体裁和形式，既贯彻了习近平新时代中国特色社会主义思想，又有机融入了社会主义核心价值观，同时精选了贴近医药类学生思想和实际的经典案例组成教育教学内容，做到了理论性和实践性高度统一。

本教材为书网融合教材，即纸质教材有机融合电子教材、教学配套资源（PPT、微课、视频、图片等）、题库系统、数字化教学服务（在线教学、在线作业、在线考试）等，为师生提供了更加丰富形象的教学资源。相信本书能够适应高等职业教学的要求，配合专业教学和思政教育，对提高医药行业未来从业人员的职业道德和整体素质有所帮助。

本教材由姜力源担任主编，具体编写分工为：田野编写第一章；姜力源编写第二章和附录；王梅编写第三章；鲍娜编写第四章；相会欣编写第五章；李肖晓、姜力源编写第六章；应欢编写第七章；朱湘怡编写第八章。本教材主要供医药类各专业教学使用，同时可为广大医药类院校培养高素质医药人才、行业主管部门培训市场监管干部及医药企事业单位提升从业人员素质提供培训和参考。

本教材在编写过程中得到了教材建设指导委员会专家的悉心指导和各参编院校的鼎力支持，参考了国内外专家、学者的大量研究成果及相关文献，在此深表感谢。由于编者水平与经验有限，书中难免存在不足与疏漏之处，敬请各位专家及读者批评指正，以便再版时修订完善。

编　者
2020 年 10 月

目 录

第一章　医药职业道德概述

微课

学习目标

知识目标

1. 掌握医药职业道德的含义、特点、基本原则和作用。
2. 熟悉职业道德的含义和特点；医药职业道德的实现形式。
3. 了解中国传统医药职业道德和国外医药职业道德的渊源和发展。

技能目标

1. 能运用行为规范提升职业道德意识。
2. 具备医药职业者的综合道德素养。

为医者，须绝驰骛利名之心，专博施救援之志。

——［宋］张杲《医说》

医学作为一种爱人之学，人道之学，它与道德相互影响，相得益彰，在中华民族五千多年文明史上形成了光辉璀璨的医学道德。医药职业道德随着人类社会的医疗实践活动发展而不断地进步和完善。全面考察道德、职业道德，医药职业道德的形成与发展的历史，对于继承和弘扬中国传统医药职业道德，借鉴国外医药职业道德发展的历史经验，促进新时期医药职业道德的建设和医学的发展都具有十分重要的意义。

第一节　职业道德和医药职业道德

PPT

案例讨论

【案例】李杲（公元 1180～1251 年），自号东垣老人，学医于张元素，尽得其传而又独有发挥，著《内外伤辨惑论》等，提出"内伤脾胃，百病由生"的观点，形成了独具一格的脾胃内伤学说，是我国医学史上著名的金元四大家之一，中医"脾胃学说"的创始人。明代李濂所著《医史·东垣老人传》记载了李杲收徒的故事。罗天益欲拜李杲为师，李杲首先问道："汝来学医觅钱医人乎？学传道医人乎？"李杲收徒体现了"非其人勿教"的原则，在择人方面要求学生能够尊师、好学、明德。"非其人勿教"是由《黄帝内经》首先提出，是历代医家严格遵循的医学教育伦理原则。正如西晋杨泉《物理论·论医》中所讲："夫医者，非仁爱之士不可托也"。古往今来，人们普遍信奉医术不能传授给没有仁爱之心的人。

【讨论】1. 李杲收徒为何先要考察学生的德行?
2. "非其人勿教"对于医药职业者意味着什么?

一、道德、职业道德及其特点

(一)道德及其特点

1. 道德 "道德"一词,在中国历史上,最早是分开使用的。"道"表示道路或街道,引申出事物变化发展规律之意。老子最先把"道"看作是宇宙的本原和普遍规律,《道德经》有云:"道可道,非常道,名可名,非常名。""德"字从"得"而成,《说文解字》解释为"外得于人,内得于己也"。"道德"两字连用,出现在荀子的《劝学》中,"故学至乎礼而止矣,夫是之谓道德之极",这里的礼主要指当时社会的政治制度、道德原则和规范。可见,中国古代的"道德"一词,主要指人和人之间的行为原则和规范的总和,也兼指个人的道德行为、思想品质和修养境界。道德一经产生,就对人类社会产生了巨大的影响作用。

道德是人类社会的一种重要意识形态,是由人们在社会生活实践中形成的并由经济基础决定的,以善恶为评价形式,依靠社会舆论、传统习俗和内心信念等手段,用以调整人和人之间、人和社会之间、人和自然之间关系的各种行为规范的总和。它由道德意识、道德规范和道德实践三个部分构成。

2. 道德的特点

(1)共同性 道德有一定的共同性,同一社会的不同阶级,甚至不同社会的不同阶级的道德之间,由于类似或相同的经济条件、文化背景和民族心理而存在着某类相似或相同的特性。

(2)阶级性 在阶级社会里,人们所处的经济地位不同,阶级利益也必然不同,这就形成了不同的甚至截然对立的道德观念、道德原则和规范,以及不同的道德评价标准等。

(3)历史继承性 道德作为一种相对独立的意识形态,有着自身的发展过程。在阶级社会中各阶级的道德除了具有鲜明的阶级内容之外,还有某些相似或一致之处,即人们普遍遵循的共同行为准则。

(4)自律性 道德主体借助于对客观世界的认识,借助于对现实生活条件的认识,自愿地认同社会道德规范,并结合个人的实际情况践行道德规范,从而把被动地服从变为主动地律己,把外部的道德要求变为自己内在良好的自主行动。

(二)职业道德及其特点

每一个社会人都有自己的职业,并且在相对应的职业道德要求下进行社会实践。正如恩格斯所说:"实际上每一个阶级,甚至每一个行业,都各有各的道德。"随着现代社会分工的发展和专业化程度的提高,市场竞争日趋激烈,整个社会对从业人员的职业道德要求越来越高。职业生活中的道德规范,不仅对各行各业的从业者具有引导和约束作用,还在促进社会持续、健康、有序发展中发挥着重要作用。

1. 职业道德 就是与职业活动紧密联系的符合职业特点所要求的道德准则、道德情操与道德品质的总和,它既是对本职人员在职业活动中的行为标准和要求,同时又是职业对社会所负的道德责任与义务。

2. 职业道德的特点

（1）范围的有限性 每种职业都担负着一种特定的职业责任和职业义务。由于各种职业的职业责任和义务不同，从而形成各自特定的职业道德的具体规范。俗话说"隔行如隔山"，职业道德仅仅对从事本职业的人群适用，其适用范围具有有限性、特殊性。

（2）内容的稳定性 由于职业具有不断发展和世代延续的特征，不仅其技术世代延续，其管理员工的方法、与服务对象打交道的方法，也有一定的稳定性。如"有教无类""学而不厌，诲人不倦"从古至今始终都是教师的职业道德。"治病救人、救死扶伤"从古至今始终是从医者的职业道德。

（3）形式的多样性 职业道德是为了适应职业活动而形成的，由于各种职业道德的要求都较为具体、细致，因此其表达形式多种多样。既可通过规章、守则、公约、誓词等表现，也可表现在标语、口号中。

（4）严格的纪律性 纪律也是一种行为规范，但它是介于法律和道德之间的一种特殊的规范。它既要求人们能自觉遵守，又带有一定的强制性。就前者而言，它具有道德色彩；就后者而言，又带有一定的法律色彩。就是说，一方面遵守纪律是一种美德；另一方面，遵守纪律又带有强制性，具有法令的要求。例如，工人必须执行操作规程和安全规定；军人要有严明的纪律等。因此，职业道德有时又以制度、章程、条例的形式表达，让从业人员认识到职业道德又具有纪律的规范性。

二、医药职业道德的含义及特点

医药职业道德是特殊的职业道德，它比一般职业道德有着更为特殊的要求和内容。对医药职业者来说，医药职业道德是其在这个领域内的安身立命之本，也是从事一切医药实践活动的根本基础。

（一）医药职业道德的含义

医药职业道德是同医药职业内容和医药职业活动紧密相连的。医药职业者在职业活动中形成了关心、同情患者，以患者利益为最高标准，尊重生命，治病救人的道德观念和道德准则。

医药职业道德就是调节医药职业者与患者、医药职业者与其他医药职业者、医药职业者与国家和集体、医药职业者与自然之间关系的各种行为规范的总和。

（二）医药职业道德的特点

医药职业道德涉及人的生命、疾病和健康，关系到每个人的悲欢离合。这种与生命的高度关联性，决定了医药职业道德的特殊性。因此，医药职业道德是特殊的职业道德，它具有以下特点。

1. 全人类性 由于医药学是人类同疾病斗争的科学，是为全人类的健康服务的。无论东方还是西方，无论过去还是现在，医药职业的基本职责始终不变，它不仅仅是某一时代的需要，某一群体的需要，更是全人类的普遍需要。人们希望治愈疾病，希望药品质量合格、安全有效的意愿不因时代、民族、性别和年龄而有所不同。古今中外都要求医药人员敬畏生命、关心患者、治病救人。所以，医药职业道德具有全人类性，这也是人道主义精神的重要体现。

2. 严肃性 药品的质量关系到人民的健康，医药产品的研制、开发、生产、经营和使用都要按照国家制定的法律法规进行，这不仅是严格的法律规定，也是医药职业道德的基本要求。医药职业者要有精湛的医术、高尚的道德修养和较强的自我约束能力。

3. 平等性 医药职业道德要求医药职业者对患者一视同仁，无论男女老幼、职务高低，还是精神病患者、残疾人甚至囚犯、战俘等，都能得到平等对待，视人的生命贵于千金。平等性是医药职业道德的显著特点。

4. 继承性 人们在世代相传的医药职业实践中，形成的连续性的道德观念、道德意识和道德习惯，被后人历史性地继承下来。比如尊重和珍视生命的"贵人"思想、"医乃仁术"的行医宗旨、"普同一等"的行医原则、"重义轻利"的道德观念、"精勤不倦"献身精神等，从古到今一直都是医药职业者的职业道德要求。

5. 时代性 随着人类社会的发展和医药科技水平的提高，医药职业道德在不同的历史时期表现出不同的时代特色。人们在继承优秀传统的基础上，不断总结概括医药实践中出现的新问题、新经验和新成果，比如现代人体试验中的道德、安乐死药物研制使用中的道德、基因工程药物研究的道德、干细胞制剂生产的道德等相继被提出并在实践中逐渐得到解决。随着生物医学模式向"生物—心理—社会"医学模式的转变，未来还会有更多的问题不断涌现，需要医药职业者与时俱进，不懈努力。

三、医药职业道德的原则

（一）人道主义原则

以患者为中心，救死扶伤，实行人道主义，是医药职业者最基本的职业道德要求，是医药职业道德的基本原则，也是医药职业道德的精华所在。

首先，医药人道主义体现为以"救死扶伤"为天职，尽最大努力解除患者的痛苦。每名医药职业者都应尽可能去关心、尊敬、爱护、同情和帮助患者。我国医药职业者一直坚守"防病治病、救死扶伤，实行社会主义医学人道主义，全心全意为人民的健康服务"的社会主义医德原则。

其次，医药人道主义表现为尊重患者的生命，平等对待每一位患者。平等对待患者是对患者的权利、尊严的普遍尊重和关心，体现了人际交往中社会地位和人格尊重的平等。1969年世界医学大会修订形成的《日内瓦宣言》中指出："我绝不允许宗教、国籍、政治派别或地位来干扰我的职责和我与患者之间的关系。我对人的生命，从其孕育之初，就得保持最高的尊重，即使在威胁之下，我绝不将我的医学知识用于违反人道主义规范的事情"。这个宣言成为世界各国制定医药职业道德的指导性原则。

再次，医药人道主义要求始终将患者利益放在首位。医疗服务直接关心患者的生命健康，在涉及生命和健康面前，必须把患者的利益放在首位，优先考虑。例如新药的研发和临床试验阶段，医药职业者必须充分考虑患者利益，不得损害或威胁患者的身心健康。

（二）安全有效原则

安全是前提，有效是目的。"人命重千金"，用药安全关系到人们的生命健康，"做良心药、放心药、管用的药是做药人的责任"。医药职业的特殊性决定了医药职业者制造药品应急国家之所急，急社会之所急，不能因为利微而忽视产品质量，不能因利重而忘记救死扶伤。

（三）服务奉献原则

全心全意为人民健康服务是医药职业道德的精髓和根本宗旨。具体表现在两个方面：第一，医药职业者要真正把患者的利益放在首位，待患者如亲人，急患者之所急，竭尽全力为患者服务。第二，医药职业者要有精湛的专业技术，过硬的专业能力。二者同时具备，才能真正做到为人民健康服务，实现服务奉献。尤其是在灾难、瘟疫、战争等面前，更需要医药职业者义无反顾，敢于奉献，勇于奉献，全心全意为人民健康服务。

四、医药职业道德的作用

医药职业道德是社会道德体系的重要组成部分，是社会公德在医疗卫生领域的特殊表现。医药职业者的道德水平和技术水平，直接关系到人们的身体健康和生命安危，影响着千家万户的悲欢离合。

（一）社会主义精神文明建设的重要组成部分

医药职业道德是医疗卫生领域精神文明建设的重要组成部分，也是衡量人类社会精神文明程度的一个重要标志。医药职业者的服务态度、服务质量和精神面貌，不仅直接关系到人民群众的身体健康，而且很大程度上影响社会风气。《中华人民共和国医务人员医德规范及实施办法》第一条明确指出，"为加强卫生系统社会主义精神文明建设，提高医务人员的职业道德素质，改善和提高医疗服务质量，全心全意为人民服务，特制定医德规范及实施办法"。明确指定了7条医德规范，要求各医疗单位必须把医德教育和医德医风建设作为目标管理的重要内容，作为衡量和评价一个单位工作好坏的重要标准。

（二）促进医学进步的重要基石

医药职业道德是在医学实践中形成和发展的，它作为一种社会意识，既决定于社会存在，又具有相对独立性，一旦形成又能动地作用于医疗实践。良好的医药职业道德可以促进医学不断进步和发展，反之则会阻碍医学的进步和发展。

构建完整的实验道德伦理可以有效地把握医学试验的向度、广度和深度，最大限度地避免试验结果的不确定性、有害性和风险性，从而推动医学科研和技术的良性发展。

（三）培养医学人才的重要标准

医学人才的成长离不开医药职业道德教育。健康所系，性命相托。"神农尝百草，一日遇十毒"反映了远古祖先为治病救人，不惜自我牺牲的精神。著名医学家张孝骞曾谆谆告诫医学生应"如临深渊，如履薄冰"，要"戒、忍、恐、惧"。东汉名医张仲景申明行医的目的在于"上以疗君亲之疾，下以救贫贱之厄，中以保身长全，以养其生"。三国名医董奉"日为人治病，亦不收钱。重病愈者，使栽杏五株，轻者一株。如此数年，得十万余株，郁然成林"，使"杏林春暖"成为佳话，流传后世。中国历代名医的高尚医德和行为无不对后世医药职业者产生深刻影响。只有建立良好的职业道德信念，养成良好的道德习惯，塑造良好的道德心灵，努力学习医药专业知识，才能真正成为合格的医学人才。

五、医药职业道德的实践形式

医药职业道德随着社会文化、教育、医学、药学事业的发展而发展，随着各个国家的风俗习惯、社会需求、内心信念的变化而变化，随着各个民族的地域差别、生活状况、用药特点的不同而不同。但是医药职业道德的实践表现形式却大致相同，包括以下几种。

（一）以法律法规的形式作出规定

1988年12月15日发布的《医务人员医德规范及实施办法》对医师的职业道德规范作了规定。1997年1月25日发布的《中共中央、国务院关于卫生改革与发展的决定》中也提出了医务人员应树立"救死扶伤、忠于职守，爱岗敬业、满腔热忱，开拓进取、精益求精，乐于奉献、文明行医"的行业风尚。《中华人民共和国执业医师法》在总则部分开宗明义地提出了"医师应当具备良好的职业道德和医疗执业水平，发扬人道主义精神，履行防病治病、救死扶伤、保护人民健康的神圣职责。"其实，这一要求不仅适用于医师，所有的医药职业者都应当遵循这一原则。这些法律对于医药职业者具有最根本的约束和规范作用。

（二）以行业守则的形式作出规定

长期的医药实践使得医药行业内部形成的一些行业守则，也成为医药职业者共同遵守的行为标准。世界医学大会1949年在伦敦通过了《国际医德守则》，要求医生必须在技术上精益求精，行医不能唯利是图，列举了一系列不道德的医生行为或建议。《医院工作人员守则》明确规定了医院工作人员要努力学习政治，刻苦钻研业务，做到又红又专。要发扬救死扶伤，实行革命的人道主义精神，同情和尊重患者，全心全意为患者服务。

（三）以誓言信念的形式自觉塑造

医药职业道德既是一种规范，又是一种内心信念。医药职业者的职业道德，更多更主要是依靠医药职业者本人的内心信念去塑造完成，这是医药职业道德最根本的实现形式。离开医药职业者内心信念的坚持、遵守，医药职业道德就成了一纸空文。

明朝陈实功的《外科正宗》中提出"医家五戒十要"，医者当淡泊宁静、恬淡自守；医者当重义轻利、扶危济困；医者当博施济众、济世救人。希波克拉底誓言、迈蒙尼提斯祷文、日内瓦协议法等都要求医药职业者凭着良心和尊严行使职业，平等对待患者，医术精益求精，为病家谋利益，为人类谋幸福。这些都需要医药职业者慎独，从内心去认同、去践行，才能不断提高职业道德水平，更好地为人民健康服务。

▶ 拓展阅读

中国医学生誓言

健康所系，性命相托。

当我步入神圣医学学府的时刻，谨庄严宣誓：

我志愿献身医学，热爱祖国，忠于人民，恪守医德，尊师守纪，刻苦钻研，孜孜不倦，精益求精，全面发展。

我决心竭尽全力除人类之病痛，助健康之完美，维护医术的圣洁和荣誉，救死扶伤，不辞艰辛，执着追求，为祖国医药卫生事业的发展和人类身心健康奋斗终生。

——国家教委高教司［1991］106号附件四

总之，为了更好地为人民健康服务，为了医药职业者更广阔的职业发展空间，医药职业者应该自觉加强职业道德修养，注重个人内心信念的塑造，努力成为大公无私、一切以患者为中心的具有高层次医药职业道德水准的人。

第二节　中国传统医药职业道德

若有疾厄来求救者，不得问其贵贱贫富，长幼妍蚩，怨亲善友，华夷愚智，普同一等，皆如至亲之想。

——［唐］孙思邈《大医精诚》

在人类文明的发展史上，医药职业道德随着人类的医疗实践活动而产生，并随着人类的医疗实践活动发展而不断地进步和完善。全面分析和考察中国传统医药职业道德的产生发展历史，对于继承和弘扬中国传统医药职业道德的精华，培养德术兼备的医药职业者，促进医药职业道德建设，更好地为人民健康服务具有重要的意义。

一、产生发展与内涵精髓

中华文明源远流长。我们的祖先在漫长的医疗实践中，不仅积累了丰富的医疗经验，而且还建立和发展了传统的医德风范，对于弘扬中华文化和促进医药职业道德的发展作出了重要贡献。

（一）中国传统医药职业道德的产生发展

1. 中国传统医药职业道德的萌芽　从原始社会的后期到奴隶社会的中期，是医药学发展和古代医药职业道德产生的萌芽时期。由于生产力水平低下，人们对疾病的认识不清，虽然形成了医巫合流的局面，但是也有一些先进者力图用自然的方式研究和解释健康和疾病问题，并尝试用比较科学的方法来治疗疾病。

《淮南子·修务训》记载了"神农氏……尝百草之滋味，水泉之甘苦，令民之所避就"；《帝王世纪》记载"伏羲画八卦……百病之理得以类推，乃尝百药而制九针，以拯夭亡""未知药石，炎帝始味草木之滋，尝一日而遇七十毒，神而化之，遂作方书，以疗民疾，而医道立矣"。从这些记载可以看出，在古代社会道德影响下，我国很早就形成了医学是为了"以拯夭亡""令民之所避就"的医德思想。神农、炎帝、伏羲均是氏族部落的首领，为了各自部落的繁衍生息，他们以自身做试验，其行为表现出为爱护人民而自我牺牲和勇于探索的精神，是远古时代医学道德思想的萌芽。

2. 近代医药职业道德的形成　奴隶社会末期到西汉，特别是春秋战国时期，生产力进一步发展，思想文化进一步繁荣，我国进入了百家争鸣的时期。当时的思想家们侧重于人性、自然方面的探讨，为医学理论及医药职业道德思想注入了活力，其中尤以儒家、道家、墨家的影响最大。

中国传统医学注重医学的伦理道德价值，"医乃仁术"被普遍奉为职业道德准则，强调医生的道德修养和自我规范的要求。"仁"是儒家思想的结晶，也是儒家医德的核心。儒家称医术为"仁术"，即医是一门"救人生命""活人性命"的科学技术，认为良心是医生美德的基础，医生应具有同情怜悯之心。孟子说："无伤也，是乃仁术。"是提醒医药职业者用药要谨慎，开处方要安全可靠。

《黄帝内经》在"疏五过论""征四失论""师传篇"等文中对医德做了专门的论述。如"征四失论"中指出，医生之"所以不十全者。精神不专，志意不理，内外相失，故时疑殆"。"素问·金匮真言论"对医药学生和学徒的挑选非常严格，"非其人勿教，非其真勿授"。《黄帝内经》是我国记载医德思想最早的医书，为后世医德思想奠定了坚实的基础。

3. 中国传统医药职业道德的发展　进入封建社会后，受封建礼教的束缚，"学而优则仕"的观念深入人心。虽然医学被称为"方技"，医生的社会地位比较低下，但是医学发展却取得了长足的进步，各个时期都出现了集医学及医德于一身的大家。

东汉名医张仲景被后世尊称为"医圣",著有《伤寒杂病论》,这是继《黄帝内经》之后,又一部最有影响的光辉医学典籍。他指出治病应不分贵贱,"上以疗君亲之疾,下以救贫贱之厄,中以保身长全,以养其生"。要有"精究方法""爱人知人"的精神,反对那种"孜孜汲汲,唯名利是务"的趋世之士,"自非才高识妙,岂能探其理致哉"。张仲景以忧国忧民之心精究于医,对于推动后世医学的发展起了巨大的作用。

至隋唐时期,名医辈出。其中"药王"孙思邈精通诸子百家,临床经验丰富,淡泊名利,终身为民治病,德高望重。他认为"人命至重,有贵千金,一方济之,德逾于此",故将他自己的两部著作均冠以"千金"二字,名《千金要方》和《千金翼方》。他对待患者不分"贵贱贫富,长幼妍蚩,怨亲善友,华夷愚智",皆一视同仁,"普同一等""一心赴救"。主张医家必须具备"精"和"诚"的精神,要有精湛的医术、高尚的品德,明确学医之人要具有仁爱之心、好生之德。他搜集民间验方、秘方,总结临床经验及前代医学理论,为医学和药物学作出重要贡献,尤其其高尚的医德,堪称后世楷模。

4. 中国传统职业道德的完善和深化 宋元明清时期,随着医学科技水平的进步,医药职业道德思想也在实践中得到了丰富的发展和完善。南宋名医张杲,所著的《医说》中有"医以救人为心"篇。倡导医家之医风医道为"凡为医者,专博施救援之志",激励后世中医学者谨循医德风范,注重医德修养,精心研究医学理论和临床验案,大医精诚,施惠于众民;明代陈实功在《外科正宗》中对我国古代的医药职业道德做了系统总结,他概括的"医家五戒十要"中指出:首先应戒贫富不等;为妇女看病应有侍者在旁;不可诋毁同道;不可离家游玩等。"十要"中提出"先知儒理,然后方知医理……"。

清代对医德的论述很多,喻昌医名卓著,冠绝一时,成为明末清初著名医家,与张路玉、吴谦齐名,号称清初三大家。他著的《医门法律》丰富和完善了传统医德评价理论,确立医德评价的标准。张路玉在《张氏医道》中的"医门十戒"篇中强调端正对习俗风尚的态度。清代夏禹铸在《幼科铁镜》中的"十三不可学"篇中指出十三种有道德素质缺陷之人不应学医。

此外,这一时期也涌现出一大批受人爱戴、道德高尚的医学家,如"金元四大家"、明代李时珍等,他们不慕名利、精求方术、忘我献身的精神永远值得后人学习。

晚清到资产阶级民主革命时期,许多具有爱国主义思想和民族主义思想的医生,开始探索救国救民的道路,最杰出的代表人物有孙中山和鲁迅。孙中山怀着"医亦救人之术"的意愿学医,讲仁爱,"济世为怀""粟金不受,礼物仍辞",被人奉为"活菩萨"。鲁迅也是怀着"医学不仅可以给苦难的同胞解除病痛,但愿真的还可以成为我们民族进行社会改革的杠杆"的信念而去学医的。

新民主主义革命时期,在中国共产党的领导下,革命的医药职业者发扬救死扶伤的革命人道主义精神,建立新型医患关系,使中国传统医药职业道德跨入一个崭新的历史阶段。

(二)中国传统医药职业道德的内涵精髓

1. 仁爱救人 我国封建社会的核心价值观是"仁",因此"仁爱救人"成为我国传统医药职业道德的核心内涵和基本原则。医家把医术称为"仁术",医学的目的是"济世救人",医家应为"仁人志士"。历代医家都将高度的仁爱精神视为医生必须具备的基本德行。"仁爱救人"首先表现为人命贵重。《黄帝内经》中鲜明提出"天覆地载,万物悉备,莫贵于人"。孙思邈认为"人命至重,有贵千金"。其次表现为心怀慈悲,待患如亲。中国传统医药学家形成了不分贵贱、普同一等的优良传统。仁爱救人还表现在公开秘方，方便患者。孙思邈编著的《千金要方》和《千金翼方》就将自己的秘方公之于众，无私的境界和高尚行为为后人敬仰爱戴。晋代名医杨泉的《物理论·论医》言："夫医者，非仁爱之士不可托也"。清代名医费伯雄明确指出："欲救人而学医则可，欲谋利而学医不可"。

> ▶ **拓展阅读**
>
> #### "是乃仁术"——胡庆余堂的祖训
>
> 在中医药文化发展的历史长廊中，清代商人胡雪岩可以说是我国"悬壶济世，仁爱救人"传统医药学的继承者和弘扬者。胡雪岩在杭州创办了"胡庆余堂"，并且奉行"医乃仁术"的儒医伦理。胡庆余堂，其名取自《周易》的"积善之家，必有余庆；积不善之家，必有余殃"，含"行善积德、博施济众"之意。"是乃仁术"这四个字出自《孟子·梁惠王上》："医者，是乃仁术也。"反映了当时就有难能可贵的诚实守信和治病救人的仁义。当时胡雪岩的事业如日冲天，他创办胡庆余堂不单为经济效益，更是为实现"兼济天下"的理想。数百年来，胡庆余堂一直铭记"是乃仁术"这一沉淀了中国传统商业文化精神的祖训，并成为其历经数百年风雨经久不衰的法宝之一。

2. 淡泊名利　受中国古代儒家重义轻利价值观的影响，中国传统医药家将以医济世、舍利取义作为理想的人格追求。在医疗实践中，不仅扶危济困、不图钱财，而且淡泊名利、清廉正直。外科鼻祖、麻沸散的发明者华佗，一生三次放弃功名利禄，甘愿行医民间，四处奔波，解除患者疾苦。江西名医董奉长期隐居庐山，专为贫民看病，不取报酬，"杏林春暖"的佳话流传至今。孙思邈无意仕途功名，认为做高官太过世故，隐居山林，一心致力于医学。认为医人"不得恃己所长，专心经略财物，但作救苦之心"。明朝陈实功在《医家五戒十要》中规定："贫穷之家及游食僧道衙门差役人等，凡来看病，不可要他药钱，只当奉药。再遇贫难者，当量力微赠，方为仁术。不然有药而无伙食者，命亦难保也"。

3. 一心赴救　中国传统医药学家从"仁爱爱人"的道德观念出发，强调对患者一视同仁、普同一等、不畏劳苦、一心赴救。孙思邈在《大医精诚》中要求医者要有高尚的品德修养，以"见彼苦恼，若己有之，深心凄怆，勿避险巇，昼夜寒暑，饥渴疲劳，一心赴救，无作功夫行迹之心，如此可做苍生大医，反此则是含灵巨贼"策发"大慈恻隐之心"，发愿立誓"普救含灵之苦"。凡是有人请他出诊，不论酷暑盛夏、饥渴疲劳，还是天寒地冻、山路崎岖，他都能一心赴救。元代名医朱丹溪医术十分高明，每天很多人请他去看病，他"无不即往，虽雨雪载途亦不为止，虽百里之远，弗惮也"。这种高度负责、一心赴救的优良医德医风是十分可贵的。

4. 精益求精　历代医家都强调医者知识是否广博，医术是否高明，直接关系到人的生命。《黄帝内经》指出：医者必须"上知天文，下知地理，中知人事"。药王孙思邈认为，立志行医者，必须用心研读前人留下的医学典籍。医学理论博大精深，必须笃志勤学，相师成器，不可一知半解。"故医方卜筮，艺能之难精者也。既非神授，何以得其幽微？世有愚者，读方三年，便谓天下无病可治，及治病三年，乃知天下无方可用。故学者必须博极医源，精勤不倦，不得道听途说，而言医道已了，深自误哉！"元代名医朱丹溪在临终前，呼其子嘱咐说："医学亦难矣，汝谨识之"。明代徐春甫在《古今医统大全》中指出："医学贵精，不精则害人不浅"。清朝医家王士雄在《回春录序》中说："医为生人之术也，医而无术，不足以生人"。

中国古代医药学家认为药是治疗疾病的物质基础，其质量优劣和用药是否适当，关系到治疗效果和患者的安危，因此特别强调制药和用药的精准，注意药品的鉴别、选用、炮制、处方、调剂和使用，精益求精，以提高药品质量，保证用药安全。李时珍参阅古书 800 余种，遍访名医，搜求民间验方，历时 28 载，三易其稿，终成 190 余万字的《本草纲目》，表现出精勤不倦，坚持不懈的优良品质。

5. 勇于创新　医学的发展和技术的进步都源于创新。历代医家尊重同道、谦虚谨慎、取长补短的同时，也不断地在医学实践基础上，总结经验，勇于创新。

东汉名医张仲景总结前人经验，依据自身实践，系统总结了热病和杂病的辨证论治规律，创立了辨证论治的诊断治疗体系。宋金元时代，社会动荡，疾病流行，病种变异，许多医生开始探索新疗法，提出新理论，形成了中国医药史上学术百家争鸣的局面，出现了成就卓著的"金元四大家"——刘完素（公元 1110～1200 年）、张从正（公元 1156～1228 年）、朱震亨（公元 1281～1358 年）、李杲（公元 1181～1251 年）。刘完素认为疾病多因火热而起，在治疗上多运用寒凉药物，固此称之为寒凉派。张从正认为治病应着重驱邪，"邪去而正安"。在治疗方面丰富和发展了汗、吐、下三法，世称"攻下派"。李杲认为"人的胃气为本"，在治疗上长于温补脾胃，因而称之为"补土派"。朱震亨认为"阳常有余、阴常不足"，善用"滋阴降火"的治则，世称"养阴派"。他们对中医学的革新和发展起了很大的推动作用。清朝时期的王清任突破不能尸体解剖的禁区，主张行医治病应当先明脏腑，他利用"坟场弃尸""义家中破腹露脏之儿""不避污秽，每日清晨……细观之"，留心 40 年，完成著作《医林改错》，在解剖学、中医气血理论、活血化瘀理论方面独树一帜，为中国医药学的发展作出卓越的贡献。

综上所述，中国传统医药职业道德内涵丰富多彩，理论精深，尤其可贵的是在等级森严的封建社会里，医药学家提出了上述优良传统思想，并能自觉践行，为后世树立了光辉的榜样。

二、重要作用与历史贡献

（一）治病救人的仁爱观有利于医药职业道德思想的确立

仁爱是儒家道德的核心，也是百家皆尊的道德准则。将仁爱融入医学，将医学与封建道德规范"仁"和"爱人"联系起来，作为医德的最高境界。历代医学家将治病救人作为自己义不容辞的责任，同时对从医也提出了更高的标准要求。医家必须为爱而学医，为救人而学医，就会对患者有一颗赤诚之心，一种好生之德，就会成为具有仁爱道德精神的医生。这种仁爱之心，普同一等，已经为现代医药职业者继承发展，成为当今时代医药职业者忠实履行仁爱救人的医德准则，全心全意为人民健康服务的源泉和动力。

（二）博施济众的情感观有利于医患关系的改善

在经验医学时期，由于社会生产力水平低下，医患之间的关系是稳定的。患者将自己的健康和生命托付给医生，而医生承担着患者健康的全部责任。古代医家强调对患者一视同仁，一心赴救。孙思邈在回答"人事奈何"时，提出"心小、胆大、智圆、行方"的行为准则，要求医生小心谨慎地对待患者与认识疾病，在治疗时要果敢决断，要智慧圆通、行为方正。当今社会，医生不仅要重视疾病，更应重视心理因素和社会因素对疾病的影响，要以真情实感对待患者，主动接近患者，了解患者。清代医家喻昌在《医门法律》中强调医生和患者在诊治过程中应充分沟通，建立良好的医患关系，提高诊疗的准确性和治疗效果。

（三）德才兼备的德艺观有利于促进医药职业道德的完善

中国古代对于德和艺的关系有相当多的论述。《礼记·乐记》记载："德成而上，艺成而下。行成而先，事成而后"。德艺双馨的医药学家不胜枚举。明末医家吴又可甘冒生命危险，深入疫区访查，推究病源，潜心研究，提出瘟疫由戾气传染治病，著《瘟疫论》（又称《温疫论》），开创了中国传染病学研究之先河，在世界传染病学史上是一个伟大的创举。清代文学家袁枚在评论名医徐大椿时说："《记》称德成而先，艺成而后。似乎重德而轻艺。不知艺者也，德之精华也；德之不存，艺于何有！人但见先生艺惊技绝，而不知其平素之事亲孝，与人忠，葬枯粟乏，造修舆梁，见义必为，是据于德而游于艺也！"技艺是仁道的体现，专一去探求它，什么技艺都是仁道。这些都对医药职业道德的完善起了良好的促进作用。

（四）学习创新的敬业观有利于医药职业道德修养的发展

医学的敬业源于对医学的忠诚和执着追求以及刻苦钻研，不断创新的精神。古代医药家注意博览群书，张仲景"精究方术""勤求古训""博采众方"完成了巨著《伤寒杂病论》。孙思邈"白首之年，未尝释卷"，认为医学是"至精至微"的学问，仅有"至粗至浅"之思断无收获。温病大家吴鞠通"嗜学不厌，研理务精"，都是对专业的敬重和全身心投入，因此能在医学上作出重大贡献。传统的医药学家提倡师古不泥古，在前人基础上应有所创新、发展，可以说整个中医学术的发展史基本上就是医学的创新史。以热病为例，张仲景的《伤寒杂病论》是对《黄帝内经》的突破和创新；刘完素对热病认识"不墨守六经"，是热病学上的又一次突破和创新，被誉为"幽视一灯，中流一柱"；叶天士的卫气营血和吴鞠通的三焦辩证，将热病学推向一个新的高峰。这些勤奋学习、刻苦钻研、勇于创新的精神，促进了中华民族医药学事业的发展，值得人们借鉴和继承。

第三节　国外医药职业道德

案例讨论

【案例】人类发明的化学药物，给人类带来了极大的益处，但也给自己造成了意想不到的伤害，对化学药物的盲目依赖和滥服，已造成了许多不应有的悲剧。其中最典型的案例之一就是著名的"反应停事件"。

1959 年，德国各地出生了许多手脚异常的畸形婴儿。伦兹博士对这种怪胎进行了调查，于 1961 年公开"致畸的原因是催眠剂反应停"。反应停是妊娠的母亲为治疗阻止女性怀孕早期的呕吐服用的一种药物，能够显著减轻孕妇妊娠反应的痛苦，受到很多孕妇的欢迎。由于市场需求旺盛，药品研发人员急于让药品上市，导致在世界各地，如德国、美国、荷兰和日本等国诞生了 12000 多名这种形状如海豹一样的婴儿。

【讨论】1. 导致反应停事件的原因是什么？

2. 反应停事件给医药职业者的思考和启示有哪些？

PPT

医药大学堂
WWW.YIYAODXT.COM

聆听你的病人，他会告诉你诊断。行医是一种艺术而非交易，是一种使命而非行业。在这个使命当中用心如同用脑。

——现代临床实践之父威廉·奥斯勒爵士（加拿大）

国外医药职业道德的形成有着悠久的历史，它和所处的社会制度、宗教信仰、社会经济、文化背景等有着密切的关系。国外医药职业道德的产生和发展大体分为三个阶段：文艺复兴之前以传统医学为特点的古代医药职业道德，文艺复兴以后以实验医学为特点的近代医药职业道德和20世纪以生物-心理-社会医学模式为特点的现代医药职业道德。

一、国外古代医药职业道德思想

（一）古希腊医药职业道德思想

古希腊是西方医学的发源地，在公元前6世纪至公元前4世纪形成了一套完整的医学体系。古希腊医德最早是由被称为西方医学之父的希波克拉底（Hippocrates，公元前460年—公元前370年）提出来的。他改变了古希腊医学中以巫术和宗教为根据的观念，主张在治疗上注意患者的个性特征、环境因素和生活方式对患病的影响。他曾提出"体液学说""整体机能说"，对西方医学的发展有着巨大影响。他的代表作《希波克拉底全集》收录了《誓言》《原则》《操行论》等医学伦理道德著作。

《希波克拉底誓言》是一部经典医德文献，其主要内容：①阐明了行医的宗旨，即"遵守为病家谋利益之信条"。②强调医生的品德修养，即"无论至于何处，遇男或女，贵人及奴婢，我之唯一目的，为病家谋幸福，并检点吾身，不作各种害人及恶劣行为，尤不作诱奸之事"。③要求尊重同道，即"凡授我艺者，敬之如父母，作为终身同业伴侣，彼有急需，我接济之。视彼儿女，犹我兄弟，如欲受业，当免费并无条件传授之"。④提出为病家保密的道德要求，即"凡我所见所闻，无论有无业务关系，我认为应守秘密者，我愿保守秘密"。⑤提出了行医的品质和作风，即"我愿尽余之能力与判断力所及，遵守为病家谋利益之信条，并检束一切堕落和害人行为，我不得将危害药品给与他人，并不作该项之指导，虽有人请求亦必不与之"。这些为当今的医德思想奠定了基础。

1948年，世界医学大会对《希波克拉底誓言》加以修改，定名为《日内瓦宣言》。后来又通过决议，把它作为国际医务道德规范。

（二）古罗马医药职业道德思想

古罗马很早就有有关医德的记载。如公元前450年颁布的"十二铜表法"记载"禁止将死者埋葬于市之外壁以内"和"孕妇死时应取出腹中之活婴"等；公元160年安东尼（Antoninus）所颁布的法令中列有关于救治贫民的条文；公元533年制定的《查士丁尼法典》劝告医生力戒侍奉富贵者之阿谀谄媚，应对救治贫民视为乐事等。

公元前2世纪，罗马人占领了希腊巴尔干半岛南部，来自希腊的罗马著名医生盖伦（Galenus，公元129—216年），继承了希波克拉底的"体液学说"，发展了机体的解剖结构和器官生理概念，创立了医学和生物学的知识体系，打开了早期实验医学之路。在医德方面也有不少建树，他曾愤怒地指责当时罗马的一些医生把目标全放在用医疗技术换取金钱上，指出"作为医生，不可能一方面赚钱，一方面从事伟大的艺术——医学"。"我研究医学，抛弃娱乐，不求身外之物"，倡导"除人类之病痛助健康之完美"为医者第一要义。要求医生善于反省，勤于自省，不应满足现有医疗技术，应精益求精等。

（三）古印度医药职业道德思想

印度是世界文明的发源地之一，古印度医学在世界医学史上占有相当重要的地位。佛教是印度的国教，所以印度医学也被称为"佛教医学"。当时的医者多数由僧侣兼职，提倡行医者要为人服务，主张人人平等。印度最古老的医学经典是《阿输吠陀》（Ayurveda，又称《生寿命吠陀》《生命经》），成书于公元前600年。公元前5世纪"印度外科鼻祖"妙闻（Susruta）著有《妙闻集》；公元前1世纪"印度内科鼻祖"罗迦（Caraka）著有《罗迦集》，他们对医学本质、医师执业、医药道德都做了精辟地论述。

1. 妙闻　《妙闻集》中的医德思想可归纳为：①医生应有四德，即正确的知识、广博的经验、聪明的知觉及对患者的同情；②医生要有一切必要的知识，要洁身自持，要使患者信仰，并尽一切力量为患者服务；③医生要有好的仪表、习惯和作风；④在外科治疗中医生要和助手密切配合，挑选助手要选聪明能干、乐于助人、和蔼忍让的人；⑤军医除了学识应高深之外，还应兼有高尚品德。

2. 罗迦　《罗迦集》进一步突出了一系列医德准则要求，反对医学商品化，"医生治病以既不为己，亦不为任何私欲，纯为谋人幸福，所以医业高于一切；凡以治病谋利者，有如专注于沙砾，而忽略金子之人""你的行为和你的语言全部为了患者的利益"，这些都体现了医学人道主义精神，表现出高尚的医德修养。

（四）阿拉伯医药职业道德思想

西欧步入中世纪之后，文明历史进入一个相对停滞时期，人们的一切都在教会和《圣经》的统治之下，科学只能在黑暗中摸索。而阿拉伯人却异军突起，版图不断扩大，吸收各国优秀文化遗产，他们向基督教学习希腊医学，向中国学习脉学和炼丹术，向印度学习药物知识，为经验医学的建立和发展打下了良好基础。

阿拉伯医学家迈蒙尼提斯（Maimonides，公元1135～1204年）的经典著作《迈蒙尼提斯祷文》是古代医德史上一篇具有重要学术价值和广泛社会影响的文献。其中心思想就是为了人类的健康时时刻刻要有医德之心。《祷文》中提出"爱护医道之心""毋令贪欲、吝念、虚荣，名利侵扰予怀"，不要忘却为人类谋幸福之高尚目标。要集中精力"俾得学业日进，见闻日广""世间医术日新，觉今是而昨非，至明日又悟今日之非矣"。要做到"善视世人之生死""以此身许职""启我爱医术，复爱世间人""愿绝名利心，服务一念诚""无分爱与憎，不问富与贫。凡诸疾病者，一视如同仁"等，在行医动机态度和作风方面表现出了高尚的医德思想，在西方医德史上可与《希波克拉底誓言》相媲美。

二、国外近代医药道德发展概况

经历了中世纪一千多年的医学黑暗时期，文艺复兴时期的医学发展伴随着人道主义思潮的崛起而崛起，自由、平等、博爱的思想不断渗透到医药学领域。人道主义作为反对封建宗教的武器，为医学科学和医德摆脱宗教与经院哲学的束缚起了重要作用，促进了以实验医学为基础的医学科学迅速发展。文艺复兴时期的医学发展也成为近代实验医学和近代医药职业道德思想的开端。

（一）以人道主义为核心的医药职业道德发展时期

人道主义关怀人、尊重人的思想打破了中世纪的"神道"医学，其基本内容是强调人的地位，肯定人的价值，维护人的尊严和权利，让人得到充分自由地发展。很多具有先进思想的医生向传统宗教观念发起挑战，吹响了近代医学革命的号角，同时将"勇敢、求真"的精神品质融入那个时代的医药职业道德中。

18 世纪，德国柏林大学教授、医生胡弗兰德所著的《医德十二篇》集中反映了这一时期的医德思想。他明确指出为"人道而行医""即使病入膏肓，无药可救治时，你该维持他的生命，解除当时的痛苦而尽你的义务。如果放弃，就意味着不人道。当你不能救他时，也应该安慰他，要争取延长他的生命，哪怕是很短的时间，这是作为一个医生的应有表现"。并提出医生的义务和患者的权利，"医生活着不是为了自己，而是为了别人。这是职业的性质所决定的。不要追求名誉和个人利益，而要用忘我地工作来救活别人。救死扶伤、治病救人，不应怀有别的个人目的""在医疗实践中，应当时刻记住患者是你服务的靶子，并不是你所摆弄的弓和箭，绝不能去玩弄他们""思想里不要有偏见""通过你的言语和行为来赢得患者的信任""尽可能地减少患者的医疗费用"，还提出了查房会诊、处理患者和主治医生的关系等道德问题。

《医德十二篇》提出的救死扶伤、治病救人的十二条要求在西方世界广为流传，被称为是希波克拉底誓言的发展。人道主义被鲜明地引入医药职业道德领域，此后的许多医药学家都提出人道主义应成为医学道德的基本原则之一。

随着近代医学的迅猛发展和医疗卫生事业的社会化，医疗服务方式由个体行医变为集体行医，医学道德的规范、范围、内容和社会责任也在不断扩展，医学人道主义成为近现代医药职业道德的核心内容。

（二）以行为规范为主体的医药职业道德发展时期

规范性是道德的本质特征。近代的医德规范主要是对医药职业者行为的影响和约束，一系列医德规范合并作为医药职业者的行为准则，明确了医药职业者在医疗实践中应该遵循的行为模式与标准，对医药职业者的行为起到了指引、评价、教育、预测和强制作用。

第一个为现代医院提出道德准则的医学伦理学家、英国医生帕茨瓦（Percival，公元 1740～1804 年）在 1791 年专门为曼彻斯特医院起草了《医院及医务人员行为准则》，并于 1803 年出版了世界上第一部《医学伦理学》著作。1847 年，美国医学会成立，并以英国的《医院及医务人员行为准则》为蓝本制订并颁布了《医德守则》，其内容包括：医生对患者的责任和患者对医生的义务；医生对医生和同行的责任；医务界对公众的责任，公众对医务界的义务等。此后提倡职业道德改革，新的职业道德基础是用专业化的科学知识逐步代替了以前的职业道德。

> **▶ 拓展阅读**
>
> ### 《日内瓦国际红十字会公约》
>
> 1863 年，由瑞士人尚·亨利·杜南等人组织建立了国际红十字会，并在他的努力下于 1864 年 8 月包括瑞士、法国等国特使在日内瓦召开会议，共同签订了《日内瓦国际红十字会公约》，以公约的形式规定了各国对待伤员的医疗待遇及人道主义关怀。
>
> 日内瓦公约的确立对以后各国制定相应的医学法规产生了深远的影响。截至 2007 年，共有 194 个国家和地区以不同方式成为《日内瓦公约》的缔约方。该公约被认为是国际主义人道法的重要组成部分，是约束战争和冲突状态下敌对双方行为规则的权威法律文件。中国于 1956 年加入此公约。

三、现代医药职业道德的发展概况

进入 20 世纪，伴随着现代医学的迅猛发展、国际医学交往日益增加以及医学界对疾病的发生与社会、行为和心理等因素有关的认识逐渐深化，形成了生物－心理－社会医学模式，对医药职业者的人文素质提出了更高的要求。

1977年美国的医学家恩格尔提出"生物－心理－社会"医学模式，即从生物学、心理学和社会学三个方面综合考察人类的健康和疾病问题，以弥补单纯从生物学角度考察的缺陷。医学被赋予了新的社会意义，医学道德有了更广泛的社会价值，从而使得医药职业道德的研究越来越得到重视。现代医学奉行医学人道主义，注重医德教育和科学研究。在充分尊重生命的基础上，去考察生命的质量和价值，尊重患者的权利。现代医药职业道德正在从实验医学阶段的义务论转向公益论与价值论相结合，并以公益论为核心的观念上来。

现代生命道德观从人的自然属性和社会属性的辩证统一的立场出发，实现了生命神圣、生命质量与生命价值的统一。不仅要求医药职业者对患者负责，还要对患者家属负责，对社会负责；不仅强调医药职业者的职业道德，还强调医学科学的科学道德。在公益论的指导下，医药职业者的医疗行为和医疗卫生部门制定的方针政策，应该符合社会利益、符合人类整体利益，保证社会大多数人的利益。

▶ 拓展阅读

现代医药学道德准则和法律文献

第二次世界大战以后，国际性医学组织相继建立，一系列的国际医德规范和法律文献相继产生。

1946年，德国纽伦堡法庭针对第二次世界大战纳粹医生对战俘进行强迫性的不人道试验的罪行，颁布了著名的《纽伦堡法典》，指定了人体试验的基本原则。

1948年，第一届世界医学大会以希波克拉底誓词为蓝本，汇编形成了著名的《医学伦理学日内瓦协议法》，作为医药职业者的共同守则。大会宣布世界卫生组织（WHO）正式成立。

1949年，世界医学大会在伦敦通过了《世界医学会国际医德守则》，进一步明确了医生的一般守则。

1953年7月，国际护士会制定了《护士伦理学国际法》，并且于1973年通过时作了重要修改。

1964年，第十八届世界医学大会在芬兰的赫尔辛基通过了《赫尔辛基宣言》，提出以人为试验对象的道德准则。1975年又作了重要修改。

1968年8月，第二十二届世界医学大会于澳大利亚召开，通过了《悉尼宣言》，确定了死亡的道德责任和器官移植的道德原则。

1975年，第二十九届世界医学大会在日本东京召开，通过了《东京宣言》，规定了《关于对拘留犯和囚犯给予折磨、虐待、非人道地对待和惩罚时医师的行为准则》。

1977年，在夏威夷召开的第六届世界精神病学大会上，通过了《夏威夷宣言》，专为精神病医生规定了道德行为规范，杜绝精神病医生利用精神病知识技术作出非人道原则的事情。

1981年，第三十四届世界医学大会通过了《患者权利宣言》，明确了患者权利包括平等医疗权、疾病认识权、知情同意权与保护隐私权等，尊重患者的权利。

实训一 "我们都是医药人"演讲比赛

【实训目的】

通过主题教育活动，使学生树立医药职业道德观念，增强医药职业道德认知，深化医药职业道德实践，内化医药职业道德精神，自觉遵守医药职业道德，不断提高自身的医药职业道德素养。

【实训步骤】

1. 通过医药职业道德课程、多媒体信息平台等形式做好活动前期宣传，让学生了解参与活动主题、流程、规则、目的和意义。

2. 组织初赛。参赛者以医药职业道德的核心精神为主题，随机抽取相关题目，开展60秒演讲。最后，选拔10名表现优秀者进入决赛。

3. 主题演讲赛决赛。决赛以"我们都是医药人"为主题，参赛者围绕主题自拟内容。决赛分为开场、主题演讲、观众互动、教师点评。

【实训内容】

1. 播放开场视频，主持人介绍本次演讲赛的背景、意义以及决赛流程、比赛规则、注意事项、奖项设置等，介绍在场嘉宾和评委。

2. 参赛者上台风采展示及视频介绍选手基本情况及备赛情况。

3. 主题演讲。参赛者在4分钟以内完成主题演讲，评委进行现场提问。

4. 观众互动。未参赛学生可结合"诚信·药德"的主题与演讲者互动，就演讲主题阐述观点或对参赛者提问。

5. 教师点评。教师根据参赛者表现进行总体点评，并宣布最终结果。

【实训要求】

1. 演讲要求主题鲜明，内容充实，有符合医药职业道德精神的自身认识和观点。

2. 脱稿演讲，发音清晰，用语规范，表达流畅，富有感染力，能激发在场观众对医药职业道德精神的共鸣。

3. 着装正式，举止自然，大方得体。

4. 结合演讲主题撰写不少于800字的观赛或参赛心得。

本章小结

本章从道德、职业道德的含义、特征入手，讲述了医药职业道德的含义、发展和基本特征。遵守道德规范，提高医德修养，要求人们继承和发扬中国传统医药职业道德中优良的道德传统，如仁爱救人、一心赴救、普同一等、精益求精等。借鉴国外的医药职业道德的优良道德传统，如医学人道主义、行为规范的制定等，结合现代医药学发展的特点，更好地解决现代医药学发展过程中遇到的种种道德难题，全心全意为人民健康服务。

习题

一、选择题（单选题 1~5，多选题 6~8）

1. （   ）是医药职业者最基本的职业道德要求，也是医药职业道德的基本原则。
   - A. 人道主义原则
   - B. 安全有效原则
   - C. 服务奉献原则
   - D. 仁爱救人原则

2. 提出"人命至重，有贵千金，一方济之，德逾于此"医德思想的是（   ）。
   - A. 张仲景
   - B. 孙思邈
   - C. 陈实功
   - D. 张杲

3. 社会主义医德的最高价值目标是（   ）。
   - A. 提高医学技术水平
   - B. 改善医务人员待遇
   - C. 实行医学人道主义
   - D. 全心全意为人民健康服务

4. 《医德十二篇》提出的救死扶伤、治病救人的十二条要求，在西方世界广为流传，被称为是希波克拉底誓言的发展，作者是（   ）。
   - A. 帕茨瓦尔
   - B. 哈维
   - C. 胡弗兰德
   - D. 迈蒙尼提斯

5. 1964 年第十八届世界医学大会通过（   ），提出以人为试验对象的道德准则。
   - A.《东京宣言》
   - B.《赫尔辛基宣言》
   - C.《悉尼宣言》
   - D.《夏威夷宣言》

6. 职业道德的特点是（   ）。
   - A. 范围的有限性
   - B. 内容的稳定性
   - C. 形式的多样性
   - D. 严格的纪律性

7. 医药职业道德的实践形式以（   ）作出规定的。
   - A. 法律的形式
   - B. 行政法规的形式
   - C. 行业守则的形式
   - D. 誓言信念的形式

8. 医学人道主义思想主要包括（   ）等医德思想。
   - A. 强调人的地位
   - B. 尊重人的价值
   - C. 维护人的尊严和权利
   - D. 让人得到充分自由地发展

二、简答题

1. 如何理解医药职业道德的基本原则？
2. 中国传统医药职业道德有哪些方面应该发扬光大？
3. 简述国外古代医药职业道德思想主要发源于哪些地区？
4. 结合现实情况，谈谈医药职业道德的重要作用。

第二章　新时代医药行业发展及职业道德要求

📖 学习目标

知识目标

1. 掌握新时代加强职业道德建设的重要意义。
2. 熟悉医药行业职业道德培养的途径方法。
3. 了解医药行业基本特征及新时代我国医药行业的发展特点。

技能目标

1. 能系统掌握新时代医药行业的发展概况。
2. 具备自觉培养医药职业道德的思想素养。

没有全民健康，就没有全面小康。

——习近平

第一节　我国新时代医药行业发展特点

💬 案例讨论

【案例】2020 年新冠肺炎疫情发生后，以习近平同志为核心的党中央高度重视、迅速行动，把人民群众生命安全和身体健康放在第一位。迅速成立应对疫情工作领导小组，向湖北等疫情严重地区派出中央指导组，要求依法防控、科学防控、群防群控，全面加强对疫情防控工作的集中统一领导，打响了新冠肺炎疫情防控的人民战争、总体战和阻击战。

4.2 万名白衣天使奔赴荆楚，各地医务工作者同心聚力，在这个没有硝烟的战场上，白衣天使一次次同时间赛跑，一次次从死亡线上挽回生命。央视记者在探访武汉汉口医院隔离区时，无意间将镜头对准了中山大学附属第三医院护士朱海秀的黑眼圈。记者请她给家乡的父母报个平安，这位"黑眼圈"女孩儿拒绝了："我不想哭，我的眼泪在眼睛里打圈，我哭的话护目镜就花了，就干不了事情了……"空军军医大学医疗队队员梅春丽那张被防护服和口罩勒出深深印痕的照片，连续几天登上微博热搜榜。网友慨叹：这是最美的脸，脸上的印痕有多深，爱就有多深！武汉金银潭医院院长张定宇，在妻子感染新型冠状病毒，自己身患渐冻症的情况下，仍然坚守抗疫第一线……

2020 年 09 月 08 日在全国抗击新冠肺炎疫情表彰大会上习近平总书记科学概括了伟大抗疫精神：生命至上，举国同心，舍生忘死，尊重科学，命运与共。

【讨论】抗疫精神反映了新时代医药职业道德的哪些新变化、新特点？

一、我国医药行业概述

医药行业是我国国民经济的重要组成部分，是传统产业与现代产业相结合，一、二、三产业为一体的产业。其主要门类包括：化学原料药及制剂、中药材、中药饮片、中成药、抗生素、生物制品、生化药品、放射性药品、医疗器械、卫生材料、制药机械、药用包装材料等的制造业及商业。

按照产业类型划分，医药制造业属于第一产业，主要包括化学制药、中药制药和生物制药等；医药流通业属于第二产业，包括药品批发企业、药品零售企业和医院药房；医药服务业属于第三产业，它是社会保障体系的重要组成部分，是为全社会提供医药服务产品的要素、活动和关系的总和。

按产品的生命周期划分，医药行业可以分为医药研发企业、生产企业、经营企业、使用单位以及医药相关企业。

总之，医药行业对于保护和增进人民健康、提高生活质量、救灾防疫、军需战备以及促进经济发展和社会进步具有十分重要的作用。

二、我国医药行业特征

（一）医药产品的属性

医药产品作为一种特殊的商品，自其产生以来就具有以下几个属性：政治属性、经济属性、民生属性、道德属性和技术属性。

1. 政治属性　药品是否安全有效，直接关系到人民群众的切身利益。党和国家始终把人民的利益放在首位，因此，药品安全是最大的政治，关系到政府公信力，关系到中国共产党的执政基础。

2. 经济属性　医药产业是大健康产业的重要组成部分，因其具有刚性需求的特点，所以是国际公认的"永不衰落的朝阳产业"。我国医药产业近年来发展迅猛，已成为全球第二大医药市场。据统计，2018 年我国规模以上医药工业企业主营业务收入达 23986.3 亿元，同比增长 12.6%。我国医药行业规模效益逐渐显现，具有潜力巨大、健康、快速发展的特性。

3. 民生属性　药品是特殊商品，与人民群众生命健康息息相关，必须保证药品的及时供给，确保药品的质量。

4. 道德属性　药是用来治病救人的，安全有效的药品不仅仅是医药从业人员知识技能的结晶，更体现了医药从业人员的人文精神，凝聚了医药从业人员的仁爱和良心，这就要求医药从业人员具备高尚的道德品质。

5. 技术属性　药品的研发、生产专业性强，技术要求高，所以，医药产业是技术密集型产业。

（二）医药行业的特征

医药行业与人民群众的日常生活息息相关，是为人民防病治病、康复保健、提高民族素质的特殊产业。在保证国民经济健康、持续发展中起到了积极的、不可替代的保驾护航作用。归纳起来，医药行业具有以下几个方面的地位和特征。

1. 医药行业直接关系人民群众生命健康　人民健康是人民幸福的重要组成部分，也是最宝贵的财富。拥有健康的人民意味着拥有更强大的为实现中华民族伟大复兴而奋斗的力量源泉。医药行业直接关系到公众生命安全和健康，关系到国民经济的发展和社会的和谐稳定，体现了人民群众最关心、最直接、最现实的利益。

新修订的《中华人民共和国药品管理法》（简称《药品管理法》）对药品的概念有明确规定："药品是指用于预防、治疗、诊断人的疾病，有目的地调节人的生理机能并规定有适应证或者功能主治、用法和用量的物质，包括中药、化学药和生物制品等"。从药品的作用和功效来看，药品就是为消除人类病痛，维护人类健康而生产的，是人们保持良好的身体状态，健康工作、学习、生活必不可少的保障。因此，医药行业发展必须以服务公众健康为出发点和落脚点，不断提升药品质量，为公众用药提供安全、有效、合理、放心的产品和服务。

2. 医药产业对国民经济具有重大贡献　医药行业是经济发展的基础性和战略性行业，对经济发展有着举足轻重的作用，对国民经济产生重大贡献。直接贡献方面，医药行业发展直接推动国民经济总量的增加，"十二五"期间，医药产业产值在我国 GDP 中的比重已达到3%。间接贡献方面，如果离开医药行业及医疗服务业对劳动力健康的维护，社会就会丧失从事经济活动的基本能力，经济增长只能成为空谈。因此，发展医药产业对社会经济增长的贡献不可估量。

（三）医药行业需要高度自律

医药产品质量的极端重要性和医药活动的特殊性，要求医药从业者具有高度的责任意识和自律意识，能够自觉遵守药品法律法规，严格按照国家审定的注册工艺、质量标准生产，严格遵守质量管理规范。只有医药企业切实履行企业主体责任，才能真正保证医药产品的质量。

如果单纯依靠法律监督，没有医药企业的自律，医药产品的生产就可能会存在质量安全隐患。以药品监督抽样检验为例，药品检验往往只是按规定抽取一定比例样品，按照质量标准进行检验，不可能把每瓶药、每支药、每粒药都进行检验，而且药品的标准是与生产工艺密切相关的，如果生产者随意更改了工艺，原来的质量标准就无法控制药品的质量，甚至可能出现检验合格但实际不合格的药品。总之，药品的质量是生产出来的，法律监督的目的也是为了促进企业规范生产，为患者提供安全、有效的药品，以保障生命健康权益。只有药品生产企业严格按照药品生产质量管理规范（GMP）生产，产品经过国家标准检验合格，才能保证质量。因此，医药行业要求从业人员要有崇高的医药职业道德精神，自觉自律，良心制药。

∞ 知识链接

行业协会

行业协会是由会员组成的自律性社会组织，医药行业协会一般通过制定《医药行业自律管理若干规定》《医药行业协会会员公约》等，要求医药企业以高度的社会责任感，自觉遵守和执行本国及其他国家药品管理相关法律法规的各项规定，遵守相关商业道德准则，规范企业在研制、生产、经营、使用等领域的活动，起到行业自律作用。

（四）医药行业需要政府严格监管

由于药品直接关系着人的生命安全，所以对医药行业进行严格的监管是国际惯例。任何一个国家的医药行业都受到主权国家有关主管部门的严格管理，主管部门通过制定法律法规和政策，对药品的全生命周期进行严格监管。近年来，我国医药行业监管充分体现了习近平总书记"四个最严"的要求。

1. 实行最严谨的标准　药监部门通过加快构建科学全面、可检验、能执行的药品标准体系，不断提高我国药品标准。

2. 实行最严格的监管　坚持风险管理的理念，强调问题导向，综合运用市场准入、现场检查、监督抽检、监测评价、专项整治等手段，不断提高风险隐患发现、处置能力，督促企业落实主体责任。

3. 实行最严厉的处罚　药监部门加强与公检法机关协作，严肃查处药品研发、生产、经营和使用全领域的违法违规行为。提高违法成本，增强对违法者的震慑，督促所有市场主体依法开展药品的研制、生产、经营和使用活动。

∞ 知识链接

新版《中华人民共和国药品管理法》关于"最严厉的处罚"，体现在以下几个方面。

第一，设立专条，规定违反《药品管理法》构成犯罪的依法追究刑事责任。旗帜鲜明地保持对药品安全犯罪行为的高压态势，把刑事责任放在所有法律责任的最前面。

第二，提高财产罚幅度。对无证生产经营、生产销售假药等违法行为，罚款倍数由货值金额的二倍到五倍，提高到十五倍到三十倍。生产销售劣药违法行为的罚款，从货值金额的一倍到三倍，提高到十倍到二十倍。

第三，加大资格罚力度。对假药劣药违法行为责任人的资格罚由原来的十年禁业提高到终身禁业；对生产销售假药被吊销许可证的企业，十年内不受理其相关的申请。同时增加了对伪造变造许可证、骗取许可证、严重违反质量管理规范的行为责任人的资格罚。

第四，增加自由罚手段。对生产销售假药和生产销售劣药情节严重的，伪造变造许可证、骗取许可证等情节恶劣的行为，可以由公安机关对相关责任人处五日至十五日的行政拘留。

第五，落实违法行为"处罚到人"。对有严重违法行为的企业，在对企业进行处罚的同时，可以对企业的法定代表人、主要负责人、直接负责的主管人员和其他责任人也同时给予一定的处罚，这种处罚包括没收违法行为期间自本单位所获得的收入，给予一定的罚款，比如有的给予收入三倍以下的罚款，给予一定期限甚至终身禁业。

最后，完善民事责任制度。一是明确了药品上市许可持有人和药品生产经营企业赔偿责任，药品出现质量问题，药品上市许可持有人和药品生产经营企业承担民事偿责任；二是规定境外药品上市许可持有人在中国境内的代理人与持有人承担连带责任；三是民事赔偿首负责任制；四是对生产假劣药或者明知假劣药仍销售的，受害人还可以要求惩罚性赔偿。

4. 实行最严肃的问责　对生产销售假药的违法犯罪行为，惩戒手段将空前严厉；对于监管部门，追责处罚要落实到位。进一步落实党政同责要求，对责任不落实、监督管理不力、失职渎职的，将依法依纪追究责任。

2019 年新修订的《中华人民共和国药品管理法》全面贯彻落实党中央有关药品安全"四个

最严"要求，这次《药品管理法》的修订是自 1985 年颁布以来的第二次系统性、结构性的重大修改，也是我国对医药行业实行科学、严格监管的重要体现。

▶ 拓展阅读

《中华人民共和国药品管理法》简介

《中华人民共和国药品管理法》是我国药品监督管理的"基本法"，是实现依法治药的根本依据。

1984 年 9 月 20 日，第六届全国人大常委会第七次会议通过了首部《中华人民共和国药品管理法》，于 1985 年 7 月 1 日起施行。其在保证药品质量，保障人民用药安全有效，打击制售假劣药品行为等方面发挥了重要作用，使我国的药品监督管理进入了依法治药的新时期。

随着经济体制改革的深化和进一步对外开放，我国药品监管呈现新的需求，《中华人民共和国药品管理法》在 2001 年、2013 年以及 2015 年进行了 3 次修正。进入新时代以来，随着药品监管出现的新情况、新要求，2019 年 8 月 26 日新修订的《中华人民共和国药品管理法》经第十三届全国人大常委会第十二次会议表决通过，于 2019 年 12 月 1 日起施行。本次修订是该法自 1984 年颁布以来的第二次系统性、结构性的重大修改，进一步健全了覆盖药品研制、生产、经营、使用全过程的法律制度，为公众健康提供了更有力的法治保障。

本次修订对药品研制和注册、药品上市许可持有人、药品生产和经营、药品上市后管理、药品价格和广告、监督管理和法律责任等内容作了修改完善，并明确指出，将以"四个最严"作为核心，即最严谨的标准、最严格的监管、最严厉的处罚、最严肃的问责。

2019 年修订版《中华人民共和国药品管理法》按药品功效重新界定了假劣药的范围，抓住了药品质量这一关键要素。有下列情形之一的为假药：药品所含成分与国家药品标准规定的成分不符，以非药品冒充药品或者以他种药品冒充此种药品，变质的药品，药品所标明的适应证或者功能主治超出规定范围。有下列情形之一的为劣药：药品成分的含量不符合国家药品标准，被污染的药品，未标明或者更改有效期的药品，未注明或者更改产品批号的药品，超过有效期的药品，擅自添加防腐剂和辅料的药品，其他不符合药品标准的药品。

2019 年修订版《中华人民共和国药品管理法》确立了风险管理全程管控社会工作的原则，实行全过程、全链条的严格监管。针对不同环节确认了相应的质量保障、安全保证制度，针对不同的主体设定了不同的责任。对药品研制、生产、流通环节予以严格管理。规定从事药品研制，应当遵循药物非临床研究质量管理规范、药物临床试验质量管理规范，保障药品研制全过程持续符合法定要求。规定药品上市许可持有人应当建立药品质量保证体系，严格药品上市放行；应当按照国家规定全面评估、验证变更事项对药品安全性、有效性和质量可控性的影响；应当建立并实施追溯制度，保证药品可追溯。

（五）医药行业具有高新技术特征

高新技术产业是以高新技术为基础，从事一种或多种高新技术及其产品的研究、开发生产和技术服务的企业集合。医药产业作为高新技术产业，融合了各个学科的先进技术和手段，具有知识密集型和技术密集型的特征。尤其是进入 21 世纪以来，医学、化学、物理学、生物学、计算机和信息科学等学科与药物研究的交叉、渗透与结合日益加强，使新药研究的面貌发生了重大变化。同时，医药产业与其他高新技术产业一样，其生存和发展很大程度上依靠创新驱动。满足患者的用药需求是医药行业研发创新的不竭动力，随着人口结构、生活方式、生存环境及医疗技术的变化，疾病谱也在不断变化，这就使研发和创新成为医药行业永恒不变的主题。

三、新时代医药行业发展特点

习近平总书记在党的十九大报告中明确指出，中国特色社会主义进入了新时代，社会主要矛盾已经转化为人民日益增长的美好生活需要和不平衡不充分的发展之间的矛盾。"我们的人民热爱生活，期盼有更好的教育、更稳定的工作、更满意的收入、更可靠的社会保障、更高水平的医疗卫生服务、更舒适的居住条件、更优美的环境，期盼着孩子们能成长得更好、工作得更好、生活得更好。人民对美好生活的向往，就是我们的奋斗目标"。人民群众对美好生活的向往，最基本的要求是健康。实现健康规范发展，提供更加安全有效、质量可控的医药服务是医药行业对人民群众美好生活向往的最好回应，是坚持以人民为中心的发展思想最直接的体现。在新的历史时期，我国医药行业呈现出了良好的发展态势，具体体现在以下几个方面。

（一）医药行业加快转型升级步伐

在"健康中国"战略实施背景下，作为经济发展的重点建设行业和高新技术支柱产业，我国医药行业正面临着结构调整、产业升级、由大变强的重大历史发展机遇。

1. 医药行业创新能力显著增强　近年来，我国医药创新环境不断改善，实施"重大新药创制"等科技重大专项，出台了一系列鼓励药品创新的政策，创新药纳入医保目录的路径拓宽，各类政府资金、大量社会资本投入到医药创新领域，企业创新动力和新药研发能力不断增强，新产品、新技术开发成效显著。

2. 智能化发展不断提速　我国医药产业发展驶入"快车道"，生产过程自动化、智能化、信息化水平明显提高，医药企业加大智能工厂和数字化车间建设力度，利用互联网技术、物联网技术、自动化物流系统等先进技术，打破了传统工艺流程，采用安全可控的智能化生产手段，不断提升药品生产的安全质量控制水平。

3. 行业规模化、集约化水平不断提高　部分大型医药企业通过实施跨地区、跨所有制的收购兼并、联合重组形成了一批具有国际竞争力和对行业发展有较强带动作用的大型企业集团，企业由"低、小、散"向集聚集约、依法规范和增效升级转变，产品同质化和重复建设的现象得到明显改善，规模化、集约化程度迅速提升。

4. 药品质量不断提升　随着国家药品监管制度改革的深入，全生命周期的质量监管加强，企业质量责任更加明确，质量体系不断健全，质量意识得到加强。严格执行质量管理规范、努力提高产品质量成为多数企业的自觉行为。同时，仿制药质量和疗效一致性评价全面推进，药品质量不断提升，基本与国际接轨。

（二）医药行业进入科学监管时代

1. 监管体制机制改革深入推进　随着社会主义市场经济体制的逐步完善和社会对药品安全问题的日趋重视，药品监管机构经历了多次改革。合理地划分了各层级监管部门职责与履职程序，构建了统一、权威的药品监管体制，这是党中央根据新时期、新形势、新任务的变化作出的科学决策，是党和国家积极推进政府机构职能转变的必然要求，为医药行业科学监管提供了坚实的组织保障。

◆▶ 拓展阅读

我国药品监管的历史沿革

我国药品监管的发展随着改革开放进程和对药品属性认识的不断深化，经历了多次变更。

1949 年 11 月 1 日，中央人民政府卫生部成立，卫生部医政局下设药政处（1953 年改为药政司），专门负责药品管理。同时，政府授权卫生部组建国家药品食品检验所、生物制品检定所和三大口岸药品检验所；组建第一届药典编纂委员会，并于 1953 年制定颁布了《中华人民共和国药典》；协调药品生产、经营和使用各环节的管理，先后取缔了 1500 余种伪劣药品。新中国的药政管理事业从诞生之日起就肩负着繁重的历史使命，迈出了可喜的第一步。

1957 年，中国药材公司与药政司合并，在卫生部内设立了药政管理局，各省（自治区、直辖市）卫生厅（局）相应设立了药政处。

1963 年，经中央批准，中国药材公司和中国医药公司由卫生部、商业部共同领导。同年，卫生部、化工部、商业部联合发布《关于药政管理的若干规定》，这是中华人民共和国成立后，药政管理的第一个综合性行政法规。它明确了药政管理的性质、宗旨、任务、方针、政策，实现了药品监督管理、药品生产经营、药品合理使用诸方面同步发展。从此，我国药政管理进入一条健康发展的轨道。

1978 年，国家医药管理总局成立，为国务院直属机构。1982 年，国家医药管理总局改为国家医药管理局，划归原国家经济贸易委员会。1984 年《药品管理法》出台，这是新中国成立以来第一部通过现代立法程序颁布的药品管理法律，该法成为我国药品监管的基石。

1998 年，国务院进行机构改革，批准成立国家药品监督管理局，将卫生部药政、药检职能，原国家医药管理局药品生产流通监管职能，国家中医药管理局中药监管职能移交给了国家药品监督管理局。其在国务院机构从 40 个部委剧减到 29 个部委的背景下成立，表明了中央对药品监管问题的高度重视。国家药品监督管理局成立后，一是推进了 GMP、GSP 认证；二是药品注册纳入国家统一管理，体现了药品监管体制改革精神和原则，进一步完善了行政执法手段。

2003 年 3 月，在国家药品监督管理局的基础上组建了国家食品药品监督管理局，仍作为国务院直属机构。其主要职责是继续行使国家药品监督管理局职能，并负责对食品、保健品、化妆品安全管理的综合监督和组织协调，依法组织开展对重大事故的查处。

2008 年 3 月 15 日，第十一届全国人民代表大会第一次会议批准《国务院机构改革方案》，规定国家食品药品监督管理局改为由卫生部管理的国家局。

2013 年 3 月，根据第十二届全国人民代表大会第一次会议审议批准的《国务院机构改革方案》，设立国家食品药品监督管理总局，简称 CFDA，为国务院直属机构。CFDA 将国务院多部门对涉及食品安全监督管理的职责整合，可用"四品一械"四个字概括 CFDA 的机构职责，即对药品、保健品、食品、化妆品、医疗器械的生产流通全过程监管。

2018 年 3 月，党的十九届三中全会通过成立国家市场监督管理总局，作为国务院直属机构。食品由国家市场监督管理总局管理，考虑到药品监管的特殊性，单独组建国家药品监督管理局，由国家市场监督管理总局管理。市场监管实行分级管理，药品监管机构只设到省一级，药品经营销售等行为的监管，由市县市场监管部门统一承担。我国的药品监督管理已走向专业化和国际化。

2. 药品监管法制化水平不断提升 1985 年 7 月 1 日，中华人民共和国成立以来的第一部《中华人民共和国药品管理法》施行，其后历经了多次修正和修订，新修订的《中华人民共和国药品管理法》经十三届全国人大常委会第十二次会议表决通过，并于 2019 年 12 月 1 日起施行。该法是我国药品监督管理法律体系的核心，它的不断完善是我国药品监管法制化水平显著提升的重要标志。在新的历史时期，我国已基本建立了以《中华人民共和国药品管理法》为核心的，涵盖研制、生产、经营、使用等的全生命周期的药品监管法律、规范和标准体系，为科学监管及推动行业规范发展提供了重要保障。

3. 监管理念方式不断创新 药品监管系统不断创新监管理念，创新监管方式，坚持以人民为中心的监管理念，持续推进"放管服"改革。在"放"的方面，进一步厘清政府与市场的关系，全面梳理法律法规，对不利于产业创新发展、新业态发展的及时进行"立改废"；在"管"的方面，推进事中、事后监管，引入风险管理理念，加大飞行检查力度，落实企业主体责任，实现药品全生命周期的监管；在"服"的方面，寓监管于服务之中，积极推进"互联网 + 药品安全"，以信息化带动全系统"一网通办"，加快实现全面网上受理、网上审批，开通药品审评审批"绿色通道"，加快肿瘤、糖尿病、心脑血管疾病等重大疾病和罕见病药物的审评审批，全力保障基本药物供给。总之，通过科学监管，监管水平不断提升，有效地促进了医药行业规范有序发展。

（三）我国医药行业国际化趋势显著

1. 产品走出去步伐加快 近年来，我国医药行业从"中国制造"向"中国创造"转型升级，药品进出口稳定增长，原料药出口多年稳居世界前列，出口结构不断优化，制剂和医疗设备等科技含量较高的产品出口比重显著扩大。医药外贸主体已经由以国有企业为主导，外资、民营企业为辅的经营结构逐渐转变为以民营、外资为主导，多种所有制共同发展的新格局。

2. 海外投资并购势头渐猛 随着资本的聚集和产业的发展，药品、医疗器械、医疗服务等领域的国内企业海外投资并购的步伐逐步加快，从百万美元到数亿美元，投资并购的规模记录不断被刷新。通过海外投资并购，国内企业积极掌控国际技术、市场渠道等优势资源，不断培育自身的核心竞争力。

3. 国际合作不断升级 随着医药产业分工不断细化，国内企业通过专利许可转让、联合研发、组建战略联盟等形式，全方位、多层次参与国际医药市场合作与分工，拓宽国际合作领域，进一步获取优势资源，扮演着愈加重要的角色。

第二节　新时代加强医药职业道德教育的重要意义

中国特色社会主义进入新时代，医药行业的迅猛发展对从业人员素质提出了更高的要求，因此，不断加强行业从业人员的医药职业道德教育，提升职业道德素养，是确保我国医药行业高质量发展的基础性工程，是加快推动"健康中国"战略实施的应有之义。

一、新时代必须加强医药职业道德教育

（一）落实"健康中国"战略的基本要求

国民健康不仅是民生问题，也是重大的政治、经济和社会问题。健康中国不仅直接关乎民生福祉，而且关乎国家全局与长远发展、社会稳定和经济可持续发展，因而具有重大的战略意义。党的十九大将"健康中国"战略纳入国家整体发展战略统筹推进，而承担"普及健康生活、优化健康服务、完善健康保障、建设健康环境、发展健康产业"重要战略任务的医药行业从业人员在推进"健康中国"建设进程中发挥着重要作用。因此，加强医药从业人员的医药职业道德教育，有助于提升其职业道德素养，有助于促进我国医药行业的高质量发展，有助于为实施"健康中国"战略奠定坚实软人才基础。

（二）促进医药行业健康发展的必然要求

改革开放以来，我国医药行业取得长足发展，行业规模快速增长，供给能力显著增强，但仍面临市场秩序尚待规范、从业人员职业素质有待提高等短板。部分医药行业从业人员的人生观、价值观错位，职业道德缺失，规范意识不强等问题凸显。因此，要保证医药行业有序健康发展，人的因素是第一位的。医药行业从业人员的职业道德教育即成为推进行业健康发展的关键因素。只有培养一大批具有高尚的职业道德情操，心怀祖国重托，情系人民健康，把振兴医药事业作为毕生追求，争做我国医药行业健康发展的贡献者和守护者的高水平行业从业人员，医药行业健康发展才能得到有效保证。

（三）培养高素质医药人才的根本要求

习近平总书记在 2018 年召开的全国教育大会上强调，要坚持中国特色社会主义教育发展道路，培养德智体美劳全面发展的社会主义建设者和接班人。医药专业大学生是医药行业的生力军，是未来从事药品研制、生产经营、使用和监督管理等工作的主力军，其职业道德修养将直接关系到我国医药行业的稳定和健康发展，也直接影响着个人的成长成才、职业发展。因此，青年大学生应立足岗位实际，努力学习本领技能、自觉磨炼品德意志，真正将自己锻造成为德智体美劳全面发展、"药德、药规、药技"兼备的高素质医药人才。

二、新时代医药职业道德培养的途径方法

（一）坚定理想信念，践行崇高使命

青年的理想信念关乎国家未来。青年理想远大、信念坚定，一个国家、一个民族就有了无坚不摧的前进动力。习近平总书记在纪念五四运动 100 周年大会上对新时代中国青年提出了六点期望，

首要的一点就是"新时代中国青年要树立远大理想""青年志存高远,就能激发奋进潜力,青春岁月就不会像无舵之舟漂泊不定"。只有理想和信念的坚定,才能在大是大非面前旗帜鲜明,在风浪考验面前无所畏惧,在各种诱惑面前立场坚定,在胜利面前不骄傲自满,在困难面前不悲观消沉。

新时代青年要有以天下为己任的抱负,有勇做新时代弄潮儿的志气,有唯其艰难更知勇毅的恒心,勇做走在时代前列的奋进者、开拓者、奉献者。新时代青年要弘扬爱国精神,努力学习马克思主义立场观点方法,努力掌握科学文化知识和专业技能,努力提高人文素养,在学习中增长知识、锤炼品格,在工作中增长才干、练就本领,在实践中认识国情、了解社会,让勤奋学习成为青春远航的动力,让增长本领成为青春搏击的能量,以实实在在的行动投身到伟大的社会实践中,以真才实学服务人民,以创新创造贡献国家。

(二)勤于学习,知行统一

只有学习和掌握科学理论,才能坚持职业道德的正确方向。只有学习医药职业道德基本理论和原则规范,明确医药职业道德的目的、重要性,才能提高医药职业道德修养的主动性和自觉性,培养起与职业道德相应的情感、意志、信念,形成良好的道德行为习惯。同时,还要学习医药文化传统,继承弘扬其精华。我国医药文化历史源远流长,形成了许多优秀的医药职业美德,这是现代医药人必须发扬光大的。

此外,"知之愈深,行之愈笃"。新时代中国青年需要从"是什么、为什么、怎么做"三个层面深刻领悟和把握社会主义核心价值观,把培育和践行社会主义核心价值观贯穿到自身的生活实践中,从小事做起,从一点一滴做起,在实践中感知、在行动中领悟,真正把社会主义核心价值观内化于心、外化于行,让社会主义核心价值观成为青年学生思想的指引、精神的追求、价值的坐标、行动的指南。

∞ 知识链接

冯根生的学徒生涯

一代国药工匠,胡庆余堂传人冯根生先生出生于医药世家,其祖父冯云生、父亲冯芝芳均是声名退迩的国药老字号胡庆余堂的资深药工,而他自己也在14岁的时候进入胡庆余堂成为学徒,后来由于学徒制方式的改变,他的学徒期由一年延长至三年。学徒生活很苦,要长时间进行严格的基础训练,每天5点前起床,一直干到晚上9点才能睡觉,一天工作16个小时,365日天天如此。但冯根生没有退缩,他牢记祖母在他第一天进胡庆余堂时的叮嘱:"记住,生意是学出来的,本领是做出来的,要诚实,有志气"。三年的勤学与苦练,冯根生不仅把两千多种中药的品相、药性、配伍及存放位置烂熟于心,还把《胡庆余堂雪记丸散膏丹全集》这部药书背得滚瓜烂熟。正是这种苦学勤练的劲头,成就了他深厚的中药功底,为他以后在中药界扬名立万打下了坚实的基础。

(三)慎独、慎始、慎微

1. 慎独　指在闲居独处无人监督之时,更须谨慎从事,自觉遵守各种道德准则。它是儒家的一个重要概念,慎独讲究个人道德水平的修养,看重个人品行的操守,是个人风范的最高境界。能不能做到慎独,是检验一个人自觉性、自制力和意志力强不强的重要标志。医药产品生产专业性、技术性、安全性强，需要若干道工序，每一道工序的具体要求各不相同，大都是在无人监督的情况下进行生产，这就决定了医药工作者必须做到"慎独"。这不仅是个人加强职业道德修养的行之有效的重要方法和途径，也是医药行业企业立于不败之地的重要法宝。

▶▶ 拓展阅读

修合无人见，存心有天知

"修合无人见，存心有天知"是医药行业的古训，意思是制药的过程无人了解，但其动机好坏自会受到道德的评价。修合是指中药的采集、加工、配制过程，它涉及药材的产地、成色、质量、加工等因素，直接影响中药的疗效。对医药人来说，"修合无人见，存心有天知"就是在无人监督的情况下，用一丝不苟的态度完成制药工艺，并严格按照规章制度进行生产、经营等，体现医药人的高度自律。

北京同仁堂是"修合无人见，存心有天知"医药人价值观的倡导者和践行者。作为中医药行业的老字号，北京同仁堂至今已有三百五十余年的历史。在这漫长的发展过程中，几经改朝换代，同仁堂历尽沧桑，金字招牌始终屹立不倒。金字招牌背后，蕴含的是其对古训的执着坚守。历代同仁堂人始终恪守"炮制虽繁必不敢省人工，品味虽贵必不敢减物力"的古训，以同仁济世为宗旨，树立"修合无人见，存心有天知"的自律意识，铸就了同仁堂"配方独特、选料上乘、工艺精湛、疗效显著"的产品特色。

2. 慎始　即戒慎于事情发生之初。万事皆有初，欲善终，当慎始。"慎始"，是古人修养身心、完善人格的一种自省和防范。正如《礼记·经解》中说："君子慎始，差若毫厘，谬以千里。"人生就像一场旅途，行程中会遇到形形色色的诱惑，如何把握"尺度"，知道什么"可为"、什么"不可为"，对人们而言，这无疑是一种挑战。有人经不住诱惑，突破了第一次，便往往有了第二次、第三次，最终听之任之，一发不可收拾。一念之差，可让人一荣一损。

3. 慎微　就是审慎于细微而能见微知著，防微杜渐。世界上任何事物的发展变化，都是由小到大、从量变到质变的演变过程。勿以善小而不为，勿以恶小而为之。正如习近平总书记强调的，要多积尺寸之功。坚持从小事小节上加强修养，从一点一滴中完善自己。培养和强化自我约束、自我控制的意志和能力，做到"心不动于微利之诱，目不眩于五色之惑"。老老实实做人，踏踏实实干事。在隐蔽微小的地方下功夫，坚持表里如一，坚持以诚待人、以信取人、以理服人、以宽容人、以和处人，才能不断领悟德行的真谛，真正成为一个品德高尚的人。

实训二　"药路领航，勇往职前"走进医药企业

【实训目的】

通过走进医药企业，使学生了解企业在药品研发、生产、经营、流通等环节中所应遵循的行为规范和质量标准，让学生对于医药企业所遵循的法律和医药职业道德有更深的体验和认识，领悟医药企业中"药德"的无处不在和至关重要。

医药大学堂
WWW.YIYAODXT.COM

【实训步骤】

1. 通过医药职业道德教育课、网络信息平台等开展前期宣传，发布本次活动的活动主题、流程、规则、目的、意义等信息。

2. 带队老师提前联系所要走访的医药经营企业，告知时间、人次及来访目的等。

3. 以班级为单位分 4~7 个调研小组，每个小组控制在 10 人以内。

4. 调研小组分别前往医药经营企业进行调研学习。

5. 上交调研报告，作为实践作业。

【实训内容】

1. 仓库参观　实地查看医药公司的仓库，观察药品的分类储存情况，听取仓库保管员、养护员介绍各自的岗位职责与工作流程，查看任一产品的出入库相关单据实例，了解在药品储存和养护过程中可能存在的质量问题及处理方法，体会药品储存和养护岗位所应具备的医药职业道德精神。

2. 门店参观　体验药店零售场景，查看门店的布局与药品陈列，观察门店执业药师上岗情况和处方药销售情况，感受店员的服务态度和服务水平，体会药品零售企业人员应具备的职业道德素质。

3. 医药企业质量管理部参观　观察质量管理部工作场景，了解首营企业及首营品种的审核要求，查看一份完整的首营企业审核资料，了解合格供应商的资质要求，查看一份完整供应商档案等，查看企业人员培训记录档案及健康记录档案，体会药品质量管理人员应具备的职业道德要求。

【实训要求】

1. 结合参观内容，完成上交 1000 字调研报告。

2. 参观走访的班级召开"药有为，品先行"座谈会，分享实践体会和谈谈自己对医药职业道德的认知等。

本章小结

　　医药行业是我国国民经济的重要组成部分，具有直接关系人民群众生命健康、对国民经济具有重大贡献、需要高度自律、需要政府严格监管、具有知识密集型和技术密集型等特征。中国特色社会主义进入新时代以来，我国医药行业发展面临着结构调整、产业升级、由大变强的重大历史发展机遇，国际化趋势明显，科学监管水平不断提升，这就对从业者医药职业道德水平提出了更高要求。不断加强行业从业人员的医药职业道德教育，提升职业道德素养，是确保我国医药行业高质量发展的基础性工程，是加快推动"健康中国"战略实施的应有之义。

习题

一、选择题（单选题 1～5，多选题 6～8）

1.《中华人民共和国药品管理法》是我国药品监督管理的"基本法"，是实现依法治药的（ ）。

    A. 基本依据   B. 根本守则

    C. 重要内容   D. 题中之义

2. "炮制虽繁必不敢省人工，品味虽贵必不敢减物力"是（ ）始终坚持的古训。

    A. 九芝堂   B. 同仁堂

    C. 胡庆余堂   D. 长春堂

3. 关于医药行业国际化趋势显著的表述不正确的是（ ）。

    A. 国际合作不断升级   B. 产品走出去步伐加快

    C. 实行医学人道主义   D. 海外投资并购势头渐猛

4. 下列不是医药行业职业道德培养途径方法的是（ ）。

    A. 勤于学习

    B. 慎独、慎始、慎微

    C. 坚定理想信念，践行崇高使命

    D. 知行分离

5. 新修订的《中华人民共和国药品管理法》经十三届全国人大常委会第十二次会议表决通过，并于 2019 年（ ）起施行。

    A. 9 月 1 日   B. 10 月 1 日

    C. 5 月 1 日   D. 12 月 1 日

6. 关于医药产品的属性表述正确的是（ ）。

    A. 政治属性   B. 经济属性

    C. 民生属性   D. 道德属性

7. 新时代我国医药行业正面临着（ ）的重大历史机遇。

    A. 结构调整   B. 产业升级

    C. 由大变强   D. 粗放发展

8. 党中央有关药品安全"四个最严"要求包括（ ）。

    A. 最严谨的标准   B. 最严格的监管

    C. 最严厉的处罚   D. 最严肃的问责

二、思考题

1. 我国医药行业的发展特征有哪些？

2. 新时代中国医药行业的发展特点是什么？

3. 简述新时代加强医药职业道德教育的重要意义。

4. 结合实际，谈谈新时代大学生医药职业道德培养的途径有哪些？

第三章　敬畏生命、仁心仁术

学习目标

知识目标

1. 掌握敬畏生命、仁心仁术在医药实践中的基本要求。
2. 熟悉新时代背景下敬畏生命、仁心仁术的含义和内涵。
3. 了解新时代背景下敬畏生命、仁心仁术的重要意义。

技能目标

1. 能运用行为规范提升职业道德意识。
2. 具备医药工作者职业综合素养。

只有我们拥有对于生命的敬畏之心时，世界才会在我们面前呈现出它的无限生机。

——史怀哲

第一节　敬畏生命

PPT

案例讨论

【案例】中国唐代名医、被后人世代尊称并供奉为"药王"的孙思邈，具有高尚的医药道德，他集前贤千年智慧对医药道德的论述以及自己崇高无上的医疗行为，在我国医药道德思想发展史上树起了一座丰碑。其编撰的医学巨著《千金方》是中国历史上第一部临床医学百科全书，被国外学者推崇为"人类之至宝"。在《千金方》自序中指出："人命至重，有贵千金，一方济之，德逾于此"，意思是：人的生命十分宝贵，比千金还要贵重，若能用一剂药方帮助他，那此人的道德比千金还要珍贵。

孙思邈以人命贵于千金为比喻，处处为患者着想，对前来求医的人，不分高低贵贱、贫富老幼、亲疏远近，皆平等相待。他出外治病，不分昼夜，不避寒暑，不顾饥渴和疲劳，问诊时不考虑个人得失，不嫌脏臭污秽，专心救治。他提倡治病时，不能借机索要财物，应该无欲无求，体现了敬畏生命的思想境界，成为德术并济、内化于心、外化于行的典范。

【讨论】药王孙思邈的案例中体现了什么样的医药道德？

一、敬畏生命的基本内涵

生命，是大自然的奇迹，是人们享有各种权利的基础，是创造有意义人生的前提，拥有生命才能拥有一切。生命是1，其他所有一切都是跟在这个"1"后面的"0"，如财富、事业、爱情等都是后面的0，有了生命的"1"，后面的"0"才有价值。失去了生命，家财万贯、位高权重、才华横溢都归于零，尊重生命是一切获得感、幸福感、安全感的基础。正是因为生命的至上和无价，所以需要人们保持敬畏的态度。新时代背景下医药工作者要敬畏宪法赋予公民的生命健康权，坚持以人民为中心，不惜一切代价保障人民群众生命安全，在全面实施"健康中国"战略的进程中，提高人民群众的生命质量。

（一）概念

关于"敬畏"，《辞海》解释为"既敬重又害怕"；"敬"是严肃、认真；深深的尊敬、爱护、珍惜和依恋之情。"畏"是指"谨慎，不懈怠，担心失去"。

人只要有敬畏之心，为人处世就有标准。明代著名学者方孝孺曾言："凡善怕者，必身有所正，言有所规，行有所止，偶有逾矩，亦不出大格。"意思是说，但凡常怀敬畏心的人，必定是严谨正直、说话有分寸、办事有规矩的人，即使偶尔有出格的事，也不会出现大的过失。这段话告诫人们，为人做事要心存敬畏、遵守规矩，有所为，有所不为。方孝孺所言的"善怕"，就是今天所说的知敬畏。

"敬畏生命"的本质是敬重一切生命，敬重人的生命，珍惜生命、关爱生命、守卫生命。敬畏生命首先要树立生命至上的理念，对生命保持敬畏的态度，尊重生命、爱护生命，保障人的生命权、健康权；树立自己的生命与周围其他人的生命休戚与共的意识，不仅爱惜自己的生命，也珍爱他人的生命，关爱他人的生命。其次，敬畏生命还体现在要努力追求生命的价值。每个人都要努力为他人、为社会作出更多贡献，使生命更有价值，更值得敬重，让有限的生命焕发无限的光彩，不断延伸生命的价值。

医药从业人员的使命与职责就是爱护生命、珍重生命的一种具体体现，敬畏生命的思想是成为医药事业发展的强大内在动力。只有从内心真正对生命产生敬重，由敬产生畏，才能形成对生命的崇敬、畏惧和终极关怀，从而善待生命、尊重生命和救治生命，修药德，行仁术，用精湛技术和优质服务不断增进人民健康福祉，实现医药人的生命价值。

（二）新时代背景下敬畏生命的内涵

1. 敬畏我国宪法赋予公民的生命健康权　没有生命，就没有一切，生命权是一项最为重要的基本人权。生命权作为一种与生俱来的权利，也是所有权利的基础，是公民依法享有的生命不受非法侵害的权利。我国新修订的宪法将"国家尊重和保障人权"写入宪法，生命权作为人权最重要的内容，由此真正成为宪法上的基本权利，受到国家尊重和保障，为我国的生命权保障提供了基础。《民法总则》第110条规定"自然人享有生命权、身体权、健康权"等权利。生命健康权，是指自然人享有维持生命、维护生命安全利益、生理功能正常、维护健康利益的权利。生命是自然人的最高人格利益，是其他人格权和人格利益的基础。我们国家的生命健康权实际上是生命权、健康权与身体权的总称，是一种宪法性权利，受宪法保护。为了更好地保障公众用药安全和维护公民的健康和生命权，2019年我国重新修订了《中华人民共和国药品管理法》《中华人民共和国疫苗管理法》。综上所述，我国法律从不同的层面对公民的生命健康权进行了依法保障。俗话说"畏则不敢肆而德已成，无畏则从其所欲而及于祸"。心有敬畏，行有所止，有法可依的情况下，都要保持一份敬畏，紧绷法律这根弦，不去碰撞生命健康权的红线，不去触犯它的底线。

2. 坚持以人民为中心，不惜一切代价保障人民群众生命安全 站在新时代中国特色社会主义全新历史起点上，以习近平同志为核心的党中央旗帜鲜明地坚持以人民为中心的政治立场，不惜一切代价保障人民群众生命安全，把实现好、维护好、发展好最广大人民根本利益作为党的一切工作的出发点和落脚点。为了提高药品的可及性、可支付性和促进药品的合理使用，我国通过建立国家基本药物制度，建立基本药物的生产供应和质量保障体系，确保药品安全、有效、可及，满足广大人民群众防病治病的需求；为提高仿制药质量疗效，国家出台了《国务院办公厅关于开展仿制药质量和疗效致性评价的意见》，开展仿制药质量和疗效一致性评价工作，保障了药品安全性和有效性。对药品及与药品有关的事宜实施严格的监督管理，2019 年实施新修订的《中华人民共和国疫苗管理法》，全面贯彻落实习近平总书记关于药品"四个最严"的要求，将对疫苗实施全过程、全环节、全方位的严格监管，以保障疫苗安全、有效、可及，进一步促进我国疫苗质量的提升，增强人民群众对疫苗安全的信心。疫苗管理法是在药品管理法一般原则的基础上，针对疫苗特点制定的一部特别法律。该法律明确提出，疫苗应该实行最严格的监管，对疫苗的研制、生产、流通、预防接种全过程提出了特别的制度和规定。在防灾救灾工作中，同样把确保人民群众生命安全放在首位，把生命至上的要求贯穿全过程。2008 年 5 月 12 日 14 时 28 分，四川汶川发生了中华人民共和国成立以来破坏性最大、波及范围最广的地震，危急关头，党中央迅速作出应急决策，发出生命救援令："尽快抢救伤员，确保灾区人民群众生命安全。"灾难面前，全国上下不惜一切，坚持以人为本，坚持生命高于一切，始终把救人放在第一位，全力组织抢救受伤人员，最大限度减少人员伤亡，最大限度保障人民群众生命安全，在艰苦卓绝的抗震救灾中彰显了尊重生命、敬畏生命的精神。习近平总书记在总结抗震救灾工作时强调，"生命是最值得珍惜的""要树立人的生命是最可宝贵的观念"，希望每个人都要珍惜生命、追求健康。

3. 全面实施健康中国战略，提高人民群众的生命质量 党的十九大报告作出了将实施健康中国战略纳入国家发展的基本方略的决策部署，把人民身体健康作为全面建成小康社会的重要内涵，为人民群众提供全方位全周期健康服务。健康中国战略提出了：深化医药卫生体制改革，全面建立中国特色基本医疗卫生制度、医疗保障制度和优质高效的医疗卫生服务体系，健全现代医院管理制度；加强基层医疗卫生服务体系和全科医生队伍建设；全面取消以药养医，健全药品供应保障制度；坚持预防为主，深入开展爱国卫生运动，倡导健康文明生活方式，预防控制重大疾病；实施食品安全战略，让人民吃得放心；支持社会办医，发展健康产业；积极应对人口老龄化，构建养老、孝老、敬老政策体系和社会环境，推进医养结合，加快老龄事业和产业发展等系列举措。人民健康是民族昌盛和国家富强的重要标志。在新时代，国家把维护人民健康放在优先发展的战略地位，出台了将健康融入所有政策的有效措施，以"治病为中心"转变为以"健康为中心"、关注生命全周期的大健康，实施健康中国战略的根本目的是提高全体人民的健康水平，充分体现了党和国家对人民健康的高度关注，彰显了党和国家敬畏生命的责任担当。

▶ **拓展阅读**

药师信条

非礼之心勿存，养成规矩的态度

非义之利勿取，养成正当的行为

勿卖假药，须清白的辨别

勿买仇货，须切实的觉悟

弗配害人之处方，本良心而尽天职

弗售毒杀之药品，恃药律以保民生

——1935 年《广济医刊》

二、敬畏生命的基本要求

作为和人类生命健康息息相关的医药人员，在实践过程中珍惜生命，坚持生命价值高于一切；爱护生命，生命面前做到人人平等；守卫生命，做"健康中国"的实践者，在医药实践中实现生命价值。

（一）珍惜生命，生命价值高于一切

1. 热爱生活，珍惜自己的生命 热爱生活是一种良好的生活态度，能以积极向上的心态面对生活，用心感受世界的美好，热爱生命，感受生活中的乐趣。有理想、有目标、有兴趣爱好，并为此而努力奋斗、不懈追求，这就是热爱生活的表现。热爱生活，要从养成健康的生活方式做起。如合理膳食，把握自身膳食的结构与数量；适量运动，控制体重，让身体运动起来；戒烟限酒，养成良好的睡眠习惯；心胸豁达，做自己情绪的主人等。损害生命、自暴自弃的事，如吸毒、纵欲、过劳、轻生等坚决不做。

人之所以是宝贵的，是因为其他一切价值都是以生命作为前提和基础的。马克思指出："全部人类历史的第一个前提无疑是有生命的个人的存在"。没有人的生命就无所谓人的发展，无所谓社会的发展。所以要珍惜生命，不要遇到挫折，就随意践踏自己的生命。无论外界环境多么艰难困苦，只要生命还在，就有改善、进步和发展的机会。

2. 推己及人，珍惜他人的生命 敬畏生命的人能够在力所能及的范围内，帮助、拯救其他生命，并把这种奉献给生命的行为当作自己最大的幸福。心肺复苏创始人、被誉为当代"急救之父"的彼得·沙法对珍惜、呵护他人生命曾这样理解：能为拯救他人的生命而奉献自己的力量是一件多么庄严和崇高的事情。世界因生命而精彩，每个生命都有其存在的意义与价值，彼此息息相关，需要相互尊重、相互关爱，珍惜自己生命的同时，也要珍惜他人的生命。生命和健康的权利对每个人来说都是平等的，没有理由随意侵犯他人的生命和健康权。人的生存和发展离不开他人，在社会中，尊重、关爱他人的生命，也意味着更好地关爱自己的生命。人们在爱自己生命的同时，也要关爱他人的生命，珍惜别人的生命，铭记任何人都没有权利去践踏他人的生命，要热爱世界存在的每一个生命个体，善待和呵护周围的生命。

3. 热爱生命，活出生命的价值 生命宝贵，容易失去。因此在人的短短的一生中，努力去实现生命的价值，就是敬畏生命。裴多菲说："生命的长短用时间来计算，生命的价值用贡献来计算"，因此对社会奉献多少是度量人生价值的标尺。生命是短暂的，敬畏生命就是要创造一个有价值的人生历程，生命只有被赋予了使命与责任，有所担当、有所责任、有所作为，才能被延伸、被升华、被永存。

我们虽无法延长生命的长度，却可以把握它的宽度，丰富它的内涵，提升它的质量，使生命更有价值。要用马克思主义生命观为指导，树立事在人为、乐观向上的人生态度，牢记全心全意为人民服务，把"有限的生命投入无限的为人民服务中去"，要懂得活着就要活出生命的价值，活出生命的意义，活出生命的精彩，发挥出自己的生命潜能，立志在共产主义事业奋斗中体现生命价值，为人类健康而奋斗终生，使生命更有意义。

▶ **拓展阅读**

敬畏生命，高空奇迹

电影《中国机长》讲述了一个敬畏生命的故事。电影根据 2018 年 5 月 14 日四川航空 3U8633 航班机组成功处置特情真实事件改编。

电影中机组执行航班任务时，在万米高空突遇驾驶舱风挡玻璃爆裂脱落、座舱释压的极端罕见险情。高空缺氧、寒冻等极其恶劣的生存环境没有让机长屈服，他知道飞机上并不是他自己一个人，而是背负了 127 名乘客的生命。他的心中充满了信念，坚决要安全度过危险，把所有人带回家。生死关头，英雄机组正确处置，确保了机上全体人员的生命安全，创造了世界民航史上的奇迹。时刻把乘客的生命安全放在第一位，这就是中国机长！

（二）爱护生命，生命面前人人平等

1. 富有仁爱，同情体贴患者 仁爱思想是贯穿于中国传统文化的一个重要内容，也是民族精神的基因。我国传统的医药伦理道德思想认为，医药事业乃是"仁术"，以"救人为本"，认为医药从业人员的唯一目的就是救人疾苦，推崇仁爱、同情和不谋私利。许多医药名家都以仁慈之心爱护患者，以济世救人作为自己行为的道德准则。在中国古代，医学者享有崇高的地位，"不为良相则为良医"，这是士人的人生理想。"医者父母心"这是百姓对医生的高度评价。赤诚济世，仁爱救人，这是中国古代医药事业的宗旨，也是古代医药职业道德的灵魂。

当前，人们通常讲的"同理心"，就是指在人际交往过程中，能够体会他人的情绪和想法，理解他人的立场和感受，并站在他人的角度思考和处理问题。对于医药工作者而言，就是怀着悲悯之心来体谅患者的处境，关注患者的世界，关怀患者的身心痛苦，包括对患者的准确体察和理解。

2. 竭尽所能，想方设法解除患者疾苦 我们国家为急、危、重症患者提供快捷、高效、安全的"急诊生命绿色通道"，其含义是拯救生命、一路绿灯、畅通无阻，无阻碍地进行诊、查、检、救、治，竭尽全力使患者得到最好的救治。先看病后交钱服务，体现了抢救生命第一，人的生命高于一切的重要原则。可见只有理解生命的价值和意义，尊重自己和别人的生命，才能够有负责的精神和高尚的情操，才能架起生命的绿色通道。为了进一步加快具有临床价值的新药和临床急需仿制药的研发上市，2017 年，原国家食品药品监督管理总局发布《关于鼓励药品创新实行优先审评审批的意见》新版本，进一步明确了药品优先审评审批范围，我国孤儿药（罕见药）开发迎来了"绿灯"。2019 年新修订的《中华人民共和国药品管理法》对何为假药、劣药，作出了重新界定，进口国内未批的境外合法新药不再按假药论处。以上的多项举措充分体现了我们国家生命至上，想方设法解除患者疾苦的宗旨。

医药大学堂
WWW.YIYAODXT.COM

人的生命不容践踏，人的健康不能忽视。荣获国家最高科技奖的王忠诚院士，20世纪50年代初，为了掌握被西方垄断的先进的"脑血管造影"技术，在缺少防护的情况下，不顾个人安危，无数次暴露在放射线中做试验，为解决患者的疾苦而想方设法在医术上不断攻克，最终被世界神经外科联合会授予"最高荣誉奖章"。面对新时代新形势，作为维护公众健康的医药工作者，要深刻理解"健康所系，性命相托"的工作职责，当人的生命遭到疾病侵袭或面临死亡威胁时，医药工作者应想方设法地利用其掌握的知识和技能去救死扶伤，挽救生命，恢复生命的健康。设身处地为患者着想，千方百计地为患者缓解病痛，对患者、服务对象极端负责，真心实意地关心、尊重患者，以高度的责任心全力做好药品的研制、生产、经营、使用等相关工作，不断在科学发展的道路上探索研究新理论、新技术、新产品、新服务，献身医药事业不断满足广大人民群众日益增长的对健康的需求。

▶ **拓展阅读**

26小时2600公里爱心接力

2017年7月21日某地爆燃事故发生后，救治受伤群众成为头等大事。7月27日晚，接诊医院紧急报告该市卫计委，烧伤患者急需杀菌抗感染特效药。该类药品十分稀缺，急需紧急采购、配送支持。市政府高度重视，要求有关部门全力保障。某医药公司收到经信委转发市卫计委紧急供药文件和省经信委的供药专电后，公司高层立即指示"想方设法，不惜代价，争分夺秒采购供应"。

7月28日凌晨，医药公司内部紧急组织提货人员，订机票，缜密安排行程，把握时间节点。历经1300公里跋涉，公司员工赶往目的地，辗转奔波，找齐来之不易的烧伤患者特效药。7月28日晚，经过26小时，2600公里爱心接力，成功将这批"救命药"通过绿色通道送到目的地。

3. 一视同仁，生命面前人人平等 人的生命是平等的，也是神圣的，这是中西方文明社会普遍认可的、占主流地位的生命价值观念。人生而平等，不存在高低贵贱之分。党的十八大以来，习近平总书记系列讲话中多次强调了"我们推进改革的根本目的，是要让国家变得更加富强、让社会变得更加公平正义、让人民生活得更加美好"。

医药健康服务最关心的是人的生命健康，"生命面前人人平等"强调人的生命健康权利的平等，其核心是医药资源的公平分配，即每个人在获得医药资源的机会上享有同等的权利。所以，医药公平的本质内涵是个人在其生命面临疾病威胁时享有平等的得到治疗的权利。南宋名医张杲所著《医说》中有载："人身疾苦，与我无异，凡来召请，急去无迟，可止求药，宜即发付，勿问贵贱，勿择贫富，专以救人为心。"强调医药之德，人的生命是平等的，当它面临疾病和死亡的威胁时，要同等的加以对待，不分民族、性别、职业、地位、财产状况都一视同仁，这才是医药公平的本真意蕴。我国现代妇产科医学的重要奠基者——林巧稚，是北京协和医院第一位中国籍妇产科主任及首届中国科学院唯一的女学部委员（院士），亲自接生了5万多名婴儿，被尊称为"万婴之母""生命天使"，她看病从来不分贫富、贵贱，在解除病痛上一视同仁。她说，"在我心里，大家都是一样的。"有些人穷得付不起医药费、住院费，她也是先安排患者住下，治好病，再请求院方减免费用或自己掏钱垫付。

（三）守卫生命，在医药实践中实现生命价值

1. 树立维护人类健康的崇高使命感与责任感 追昔抚今，从神农的辨药尝百草、董奉的杏林春暖，孙思邈的大医精诚，张杲的医以救人为心，李时珍穷其一生的《本草纲目》，希波克拉底的誓言，到顾方舟为小儿麻痹症奉献一生，屠呦呦以身试药都承载着一种守卫生命的神圣使命，他们留给后人的故事充满神奇、温暖和活力，无数的医药学家把守卫患者生命作为自己最崇高的职责，竭尽全力守卫每一个生命。正是他们的伟大实践才推动着人类医药事业不断向前发展。敬畏生命的观点始终激励着医药人员在医药学发展的过程中竭心尽力，尽职尽责，从根本上保证了患者的生命利益，推动了医药学的健康发展，维护了医药事业崇高而神圣的性质。

医药专业学生是未来人民健康和生命安全的守卫者，是拯救生命、维护健康的主力军，只有对生命怀有敬畏之情，才能矢志不渝地推进医药事业发展，全心全意地为人民健康谋福祉。

2. 做"健康中国"事业的践行者　健康是人们最具普遍意义的美好生活需要，同时也是重大的民生、政治、经济和社会问题。健康中国行动是一项系统工程，需要各方共同努力、协作推进。尤其是在我国卫生与健康领域资源供给相对不足、人口老龄化加速，疾病谱由传染性疾病为主转向以心脑血管疾病、代谢性疾病及肿瘤等慢性非传染性疾病为主的背景下，需要公共卫生、医疗服务、医疗保障、生态环境、安全生产、食品药品安全、科技创新、全民健身、国民教育等多个领域、部门和行业群策群力、携手参与，才能真正将健康中国战略落到实处。作为医药工作者，应积极传播国家健康战略，宣传健康管理理念政策，营造全社会共同支持和参与卫生健康事业的新局面。此外，医药工作者要做好新药的研发，降低药品的成本，使普通居民用得起药；在制药工作中要精益求精，对产品精雕细琢，不断改善工艺，让药品安全更加有保障，让百姓用药更加放心；在药学服务中以实际行动为人民群众提供更高水平、更加满意的药事服务，满足百姓对医药服务多样化的需求，做"健康中国"的践行者。

第二节　仁心仁术

今有仁心仁闻，而民不被其泽，不可法于后世者，不行先王之道也。

——《孟子·离娄上》

💬 案例讨论

【案例】三国时期吴国的董奉，是一位杰出的医学家。他精通医理，医术精湛，老百姓十分敬重他，甚至将他视为"仙人"。更为难得的是，董奉虽然医名大振，求治者应接不暇，他却始终坚持为患者施治不计报酬，对于贫病者，赠医送药，不取分文。只是，他有一个很特殊的要求：凡治愈一个重患者，希望病愈者在他的房前屋后栽种5棵杏树；治愈一个轻患者，则希望病愈者栽种1棵杏树。如此多年，董奉的房前屋后杏树成林，郁郁葱葱。董奉在林中建一简易仓房，置一容器于仓中，张榜宣誓，有欲买杏者，每一器谷易一器杏，自行取去，不必通报。这样，每年以杏换得大量粮食，除自给之外，全部用于帮助无依无靠的老弱贫病者及儿童，或行旅不逮之人。董奉去世之后，妻女继承他的遗志，依旧卖杏救贫。据《寻阳记》所载："杏在此岭上，有树百株今犹称董先生杏林。"杏林佳话由此而流传下来，出于人们对董奉的崇敬与爱戴，"杏林"也慢慢成为对中医的誉称。

【讨论】"杏林"体现了什么样的医药道德？

一、仁心仁术的基本内涵

中国古代，医学被称为"仁术"，医生被称为"仁爱之士"。仁爱道德是医学的本质特征，追求有"术"是每个医药工作者不懈的努力目标。医者仁心，医院是见证信仰、希望和爱的地方，在这块圣土上坚守一生的人们，内心充满了无比坚定的信念，这个信念，就是医药工作者的职业精神之所在。

（一）概念

《说文》："仁，亲也。从人，从二。"本义是对人友善、相亲。《论语·颜渊》："樊迟问仁。子曰：'爱人'"。古今欲行医于天下者，先治其身；欲治其身者，先正其心；欲正其心者，先诚其意，精其术。此可谓医者仁心。药王孙思邈《备急千金要方》中的"大医精诚篇"；"凡大医治病，必当安神定志，无欲无求，先发大慈恻隐之心，誓愿普救含灵之苦。"对待患者应当"普同一等，皆如至亲之想。"如此才可为"苍生大医"。精辟地论述了"待患者皆如嫡亲之想"的仁爱救人思想。《大医精诚》中提出医家必须具备"精"和"诚"的精神，所谓"精"就是要具有精湛的医术，所谓"诚"就是指医生应具备高尚的医德，明确指出学医的人首先要具有仁爱的"大慈恻隐之心""好生之德"，要廉洁正直，不追求名利，对患者"普同一等""一心赴救"，认真负责，不得浮夸自吹、诋毁别人等。东西方很多医德经典文献都对从事医药职业的人提出了全面的职业行为要求，其中包含了对患者生命的珍重，对患者人格的尊重和对同行的敬重等鲜明而广泛的人道思想。如：扁鹊救世济人直言不讳，华佗广施仁爱不分贵贱，孙思邈为民救世力求精诚，李时珍遍尝百草著书济世，叶天士谦逊好学再树新风等，上述名医以德养性，以德养身，德艺双馨。他们毕生恪守着爱的信念，成为后学和百姓景仰的伟大先师。

仁心仁术，是药德的基础。仁术既是医药职业道德的重要规范，又是医药职业道德的根本保证，是医药职业者完成工作任务的技术保障，是医药职业道德的技术、能力载体。如果医药职业者不能胜任本职，任何美好的职业愿望都会落空，再高尚的职业道德也可能成为一句空话。因此仁术不仅属于医药职业的技术范畴，也属于医药职业的道德范畴。医药职业道德在规范上同样要求医药职业者具备良好的知识、技术和能力。张仲景是东汉后期的另一位伟大医药学家，被人们尊为"医圣"，他的医药学巨著《伤寒杂病论》是一部理、法、防、药俱备的医药学经典著作。因此后人尊其为"方剂之祖"和"经方大师"，他发明的"大黄牡丹汤""白头翁汤""白虎汤"一直沿用至今。由于他能"决人生死"，而且"屡验不爽"，所以人们还称他为"神医"。张仲景所获得的巨大医药学成就与他长期临床实践和高超职业技能是分不开的，能业为张仲景的人生成功，提供了重要的技术手段和可靠保障。

（二）新时代背景下仁心仁术的内涵

1. 以仁心温暖人心　　成为一名合格的医药工作者，首先要有仁心，应一切以患者为中心。"以患者为中心"就是为患者提供全程优质、高效、安全的医药服务，解除患者生理和精神的痛苦，让患者早日获得康复。仁心在实际工作中的体现不仅是耐心和细心，更是责任心和同情心。外科医界的"长老"吴孟超有着高超的医术，却仍在探索医治患者的良方；他有着大医精诚的思想，却在博极医源，勤奋不倦。他一生救人无数，并创建了亚洲最大的肝胆专科医院；他握着手术刀，闭着眼睛就能摸出肿瘤的占位和其他脏器的移位，他的双手被称为"国宝级的双手"。他曾说过"患者没有高低贵贱，作为医生，没有挑选和应付患者的权利，只有为他们解除病痛的义务""医学是一门以心灵温暖心灵的科学，医生首要任务在于如何向患者奉献天使般的温暖"。有人把医生分为三重境界，第一重叫治病救人，就是看好患者的疾病。第二重叫人文关怀，不仅看好患者的病，还有悲天悯人之心，对待患者要像对待亲人一样。第三重，那就是进入患者的灵魂，成为他们的精神支柱。达到第三重境界是医药工作者追求的理想，也是具备仁心的最好体现。

2. 以仁术捍卫生命　明代龚廷贤说过"病家求医，寄以生死"。在医疗问题上，患者虽然有可能在一定范围内选择医院，选择医生，同意或拒绝某种治疗，但是，由于他们的医药学知识不多，对某些药物的疗效和毒副作用不了解，对一些手术的必要性和危险性不了解，对自身的病情变化以及它的后果不很了解，都可能导致患者及其家属很难作出正确的选择和决策。尤其在一些急重症情况下，患者往往完全依赖于医生，在他们眼中，医生就是一群具备专业知识的天使。健康所系，生命相托，责任重大。从医者唯有严谨求实，奋发进取，钻研医术，精益求精，时刻为患者着想，千方百计为患者解除病痛，才能承受生命之重托。在工作中，不仅要自身加强学习，总结经验，更要有团队协作的精神，共同营造浓厚的学习氛围，穷医道精髓，献仁术爱心。

钟南山院士长期从事呼吸内科的医疗、教学、科研工作。重点开展哮喘、慢阻肺疾病、呼吸衰竭和呼吸系统常见疾病的规范化诊疗、疑难病、少见病和呼吸危重症监护与救治等方面的研究，并首次证实了隐匿型哮喘的存在。他所在的研究所对慢性不明原因咳嗽诊断成功率达85%，重症监护室抢救成功率达91%。钟南山不仅医术精湛，医德高尚，他尊重科学，实事求是，敢医敢言的道德风骨和学术勇气更令人景仰。他勇敢地否定了原卫生部所属国家疾病预防控制中心关于"典型衣原体是非典型肺炎病因"的观点，为广东卫生行政部门及时制定救治方案提供了决策论据，使广东成为全球非典患者治愈率最高、死亡率最低的地区之一。在新冠病毒肺炎这场关系着人类共同命运的殊死斗争中，钟南山院士以战士的勇敢无畏、学者的铮铮风骨和悬壶济世的仁心仁术，挺身而出，冒死犯险，力挽狂澜，作出了杰出的贡献，十三届全国人民代表大会常务委员会授予钟南山院士"共和国勋章"。

《后汉书·方术列传·费长房》中提出："医者仁心，以医技普济众生，世人称之，便有悬壶济世之说"。东汉·张仲景在《伤寒杂病论》提到："进则救世，退则救民；不能为属良相，亦当为良医。"选择了医药行业，就是选择了一份背着人道主义的重担、监管人类生死的职业。而医生，也只不过是医学专业知识超过普通的凡人，"哪有什么白衣天使，不过是一群孩子换了一身衣服，学着前辈的样子，迎难而上，和死神抢人罢了……"。

3. 以仁爱赢得尊重　医生的尊严并不来自于他的学历、地位、职称，医生的尊严来自于患者的敬重，来自于精湛的技术和仁爱之心。医生与患者在疾病面前是休戚相关的生命共同体；在拯救生命的过程中，是携手并进的科学行动者。要建立融洽的医患关系，需要互尊互信，需要相互理解，需要换位思考。医患关系的改善，虽然离不开医疗体制的不断完善、患者的理解支持，但最重要的，还是医务工作者的仁心仁术、仁爱之心。仁心仁术，行医之本。获术而不仁，则贪医足以误人命；仁而无术，则庸医足以杀人人不晓。唯有存仁心、施仁术、献仁爱，将职业精神内化于心、外化于行，才能在从医之路上愈行愈远。

▶ 拓展阅读

仁爱的层次

医学之仁爱，主要具有伦理道德概念上的含义，强调用"仁爱"的道德标准作为行医的行为准则，从而使医学成为实践儒家之仁的最高道德标准的一种技艺，它包括不忍、博爱、赤诚三个层次。

不忍，亦即恻隐之心，宋代大儒朱熹集注："恻，伤之切也；隐，痛之深也。此即所谓不忍人之心也"。即不忍心看到别人遭受痛苦而由内心发出的怜恤、同情之心。"不忍"是仁爱之发端，"恻隐之心，仁之端也"。医生的仁爱之心来自于对患者的同情心。徐大椿的"医非人人可学"、南齐名医情澄的"大医者，非仁爱之士不可托也"说的就是并非人人都可以学医，只有具备仁爱之心的人才可以委以医学这一重任。孙思邈"凡大医治病。先发大慈恻隐之心。"道出了不忍之心是行医者首要的必备品质。

博爱，即"爱人""泛爱众"。以爱己、爱亲之心泛爱众人。孙思邈在《大医精诚》中著有："若有疾厄来求救者，不得问其贵贱贫富，长幼妍媸、怨亲善友，华夷愚智，普同一等。皆如至亲之想"。这里的"普同一等""皆如至亲之想"就是博爱的思想。对所有患者都一视同仁、贵贱相等、贫富相等、长幼相等，把所有的患者都看作是自己亲人一样去救治。用心皆一，施药无二。

赤诚，即至诚，是指以完全真实可信、不虚伪的态度对待患者。赤诚是医务人员必备的品质，也是衡量医者施行仁爱之术的重要尺度。明代医家李梃认为，为医之道若以一句话概括，就是"不欺而已矣"（《医学入门·习医规格》），它既包括医生本身应具备"质实而无伪"即不自欺的品质，也包括以诚心对待患者和同道的态度，即不欺人。"不欺人"首先是不欺骗患者，其次是不欺同道，对同道不嫉贤妒能，任意诋毁。

二、仁心仁术是药德之本

（一）是医药企业的立身之本和发展之基

"不忘初心，方得始终。"医药企业的初心就是以患者为中心，生产出更多更优质高效的医药服务所需产品，承担起造福患者、造福国民的社会责任。因此遵守社会公德和职业道德，秉持仁心仁术，保证质量、奉献社会、诚信守法、精于创新是医药企业得以发展壮大、兴盛不衰的立身之本和发展之机。

（二）是医药从业人员的价值方向和行动指南

医药行业肩负着为社会提供医药商品，增强人民健康，保护社会公众生命安全的责任和义务。因此，是否有利于人民的身体健康，是否有利于我国医药保健事业的顺利发展，是衡量医药职业人员一切言论和行动的根本标准。为人民的健康服务就是医药职业者最根本的价值方向和人生意义所在。张杲《医说》中提到："凡为医者，须略通古今，粗守仁义。绝驰骛利名之心，专博施救援之志。如此则心识自明，神物来相，又何戚戚沽名，龊龊求利也。"

医药职业能够为社会进步，国家富强，人民健康幸福作出贡献，是有价值的崇高职业，是医药职业者发挥才智，创造人生价值的天地。医药职业者应从人民的利益和需要出发，把个人事业的发展与国家民族利益紧密联系在一起，将个人理想融入社会理想，以仁心仁术作为职业标杆和价值引领，只有如此才能真正实现个人的自由全面发展。

（三）是医药职业者实现职业发展和职业成功的前提和基础

几乎所有初入社会的医药职业者，都希望能够把工作做好，但是，良好的职业愿望不能代替现实的职业能力，职业理想实现于高超的职业能力基础之上，医药职业者只有插上了知识、技术和能力的翅膀，才能踏上职业进步的天梯，才能最终实现职业腾飞。是乃仁术，必为良医。

章臣桂，我国中药制剂现代化的领军人物，在国内外医药界享有很高声望。她研制的速效救心丸挽救了成千上万患者的生命，被广大心脏病患者赞誉为"救命丸"。1958 年，章臣桂从南京药学院毕业后即投身中成药剂型改进和新产品研发事业，呕心沥血半个世纪，以十余项重大科研成果闻名全国。她始终扎根科研生产一线，一面刻苦钻研积累中医药理论知识，一面在实践中虚心向老药师请教掌握传统工艺，形成了"剂型的改进要为疗效服务"的创新思路，并对古老的中药制剂丸、散、膏、丹进行研究改进。

1982 年，章臣桂成功研制出我国第一个纯中药治疗冠心病滴丸制剂——速效救心丸。被国家定为全国中医院首批必备急救药品，列为国家级机密产品，并由此掀开了滴丸这一中药创新剂型规模化、产业化的新篇章。速效救心丸近 30 年经久不衰，累计产值达百亿元，产品行销全国并远销海外。

除了创新中药剂型，章臣桂还在中药饮片炮制工艺改进和扩大药材药用资源等方面作出了突出贡献。20 世纪 60 年代初，研制成板蓝根干糖浆，使板蓝根颗粒在全国畅销。80 年代后期，将传统复方制剂藿香正气水改制成蕴香正气软胶囊。90 年代初，研制成功第二个中药速效制剂清咽滴丸，之后又攻关传统中药乌鸡白凤丸制剂，对连翘、五味子、巴豆霜炮制工艺进行研究改进。1991 年被国务院批准为有突出贡献、享受政府特殊津贴专家。

（四）促进社会发展

经济发展和社会进步，要由各行各业的劳动者去推动，职业者的职业技能越强，对社会的贡献也就可能越大。年轻医药职业者如果都能尽快熟悉岗位工作，努力提高自己的职业技能和工作技巧，迅速成为精通某一方面业务的专家，不仅有利于个人的职业发展，还将大大促进整个社会的文明与进步。党的十九大为卫生健康事业的发展指明了方向，也赋予了新的使命和责任。医药工作者要不忘初心，深入学习贯彻习近平新时代中国特色社会主义思想和党的十九大精神，践行社会主义核心价值观，坚持全心全意为人民服务，弘扬救死扶伤的人道主义精神，不断为增进人民健康作出新贡献，修医德、行仁术，用优质的服务增进人民健康福祉。

三、仁心仁术的基本要求

（一）热爱医药，乐业敬业

"未医彼病，先医我心"，仁心意识是仁术行为的前提，医药工作者要怀着关爱之心、恻隐之心，对身患病痛者，以解除病痛，带来健康、幸福为己任，不因对方的身份、地位、贫富、种族而有所歧视，区别对待。要以解救苍生痛苦的大爱，悲天怜人的情怀，投身到医药工作中来。

（二）钻研业务、提高技能

"玉不琢，不成器"，职业能力是医药工作人员履职尽责的基础，是医药职业道德的基本要求。钻研业务，掌握过硬的专业技能，提高职业能力，是每个劳动者对社会应尽的道德义务。医药行业更是如此，医药产品是全球公认的特殊产品，医药产品技术含量高、生产工艺环节多、质量标准精确，医药行业服务的对象情况复杂、病情变化多样，服务要求也十分严谨，能否保证医药产品的高质性优，依赖从业人员的专业技术水平和职业道德水准。医药从业人员应自觉养成钻研业务，提高技能的道德觉悟，以稳健的职业态度和孜孜以求的进取精神勇攀医学技术高峰，最终做到精通业务，为民奉献。

（三）不断完善职业素质

作为人民健康的守护者，医药从业人员不仅要具备思想政治素质、科学文化素质、专业技能素质、职业道德素质、身体和心理素质等基本职业素质外，还要逐步完善各方面的具体职业素质，如爱岗敬业，有爱心和同情心；能感恩和有善意；同事之间团结协作、凝心聚力，相互支持；学会包容和尊重；严格遵守国家法律和单位制度；诚实守信和准时守约；言语行动文明有礼，尊重和善待他人等。

1. 尊重患者的人格与权利　对待患者不分民族、性别、职业、地位、财产状况，都应一视同仁。说话和气、态度和善，是对患者或顾客尊重、诚恳的表现，能给顾客或他人以亲切、温暖舒适的感觉，从而产生信任感、亲切感。待人待客有礼貌也是医药人员心灵美的反映。在执业活动中要关心、爱护、尊重患者，为患者保守医疗秘密，实行保护性医疗，不泄露患者隐私与秘密。如：医护人员未经患者本人或家属同意，不得私自向他人公开患者个人资料、病史、病程及诊疗过程资料；工作人员要注意言谈中不得擅自议论患者及家属的隐私；对于院内或科室内安排的涉及患者隐私的参观、学习活动，应征得患者本人同意，并告之学习内容；除实施医疗活动外，不得擅自查阅患者的病历，如因科研、教学需要查阅病历的，需经医务部门同意，阅后应立即归还，不得泄露患者隐私。

2. 设身处地为患者着想　医药职业者的工作对象主要是患者，对于患者、语言和处事，要有节制，知分寸，要设身处地考虑对方的困难和愿望，即使是一时办不到的事情、满足不了的要求，也要认真、虚心地听取对方的意见。如果遇有不同的意见，医药职业者也要充分说明理由，态度热情谦和，不允许讽刺挖苦，甚至粗暴攻击对方。

南丁格尔是人类护理事业的创始人。南丁格尔在幼小的时候，就有一颗仁爱的心灵，家里饲养的小动物受伤了，她会细心地给它包扎。在富裕家庭长大的南丁格尔，对跻身上流社会兴趣淡薄，一心向往做一名"白衣天使"，她把做一个好护士当作了平生夙愿。19 世纪 50 年代，英国的战地医院管理不善，救护条件很差，士兵的死亡率高达 50% 以上。南丁格尔主动申请前往战地担任护理服务工作，先后在 4 所战地医院服务。她排除了种种困难，以满腔的热情救护伤病员，使伤病员的死亡率下降到了 2.2%。南丁格尔无微不至地关爱着每一个伤兵，每天手持油灯在深夜巡视病房，伤兵们感动地亲吻她落在墙壁上的身影，亲切地称她为"提灯女士"。南丁格尔以"爱心、耐心、细心、责任心"对待每位患者，以"燃烧自己，照亮别人"的真诚爱心为患者服务，以特别的献身精神和忘我的服务赢得了人们的广泛尊敬。她的铜像被树立在伦敦街头，她的半身像被印在英镑纸币上，人们以她的名字命名了国际护理界最高荣誉南丁格尔奖章，把 5 月 12

日她的生日定为国际护士节。

3. 面对医药学的局限性，心怀仁爱　医学是研究人的生命和健康的科学，生命错综复杂，疾病的发展瞬息万变，然而医学不是万能的，医生也不是神仙，不能包治百病。临床上病症常常出现同病异症，异病同症；同病异果，异病异果。医学的使命是"救死扶伤"，但当真正的死亡来临时是无法"救"得的，只能接受结果。医药工作者要客观对待医学的本质、愿景、所恪守的终极价值、道德底线，以及生命关怀历程中共同价值的认同与构建，承认医学的探索性，以及客观地对待医疗的潜在风险及医药学的局限性。

实训三　"假如我是患者"演讲

【实训目的】

调查社区居民常见疾病的药学服务发展现状。

【实训准备】

1. 场所　社区卫生服务站。

2. 材料　调查问卷。

【实训步骤】

1. 参考相关文献，设计调查问卷，问卷的内容包括疾病类型、疾病症状体现、患者希望提供的药学服务内容等方面内容。

2. 4~6个同学为一组，分组到社区通过问卷调查及访谈等方式进行药学服务开展情况的调查。

3. 回收问卷后，经整理、分类、数据统计，完成调查报告。

4. 进行分组汇报，发现问题并提出解决方案，完成演讲稿。

【实训评价】

学生自评

评价内容	评分标准	得分
仪表仪态（10分）	仪表大方、谈吐自如、条理分明	
语言表达（5分）	声音清晰、言简意赅、突出重点	
现场互动（20分）	有感染力，现场互动良好	
时间把握（5分）	在规定时间内完成，时间分配合理	
逻辑清晰（40分）	调查报告的分析介绍是否准确、清楚；药学服务情况问卷设计是否准确、合理	
PPT设计（10分）	图文并茂、布局合理	
团队合作（10分）	认真、细致、富有团队协作精神	
总分		

教师评价

评价内容	评分标准	得分
知识与技能评价 （80分）	仪表大方、谈吐自如、条理分明	
	声音清晰、言简意赅、突出重点	
	有感染力，现场互动良好	
	在规定时间内完成，时间分配合理	
	调查报告的分析介绍是否准确、清楚；疾病问卷设计是否准确、合理	
	图文并茂、布局合理	
素质评价（20分）	认真、细致、富有团队协作精神	
总分		

【实训思考】

1. 制约社会药房药学服务发展的影响因素有哪些？

2. 从事药学服务的药学工作人员应该具备哪些基本素质和能力？

本章小结

　　敬畏生命，是药德的基础。医药从业人员的使命与职责就是爱护生命、珍重生命。新时代背景下敬畏生命的内涵是：敬畏我国宪法赋予公民的生命健康权，坚持以人民为中心，不惜一切代价保障人民群众生命安全，全面实施健康中国战略，提高人民群众的生命质量。敬畏生命的基本要求是：珍惜生命，生命价值高于一切；爱护生命，生命面前人人平等；守卫生命，在医药实践中实现生命价值。

　　仁心仁术，是药德的根本，也是医药职业道德行为的反映。新时代背景下仁心仁术的内涵是：以仁心温暖人心，以仁术捍卫生命，以仁爱赢得尊重。仁心仁术的基本要求是：树立强烈的仁爱意识，继续学习业务知识和专业理论，严谨求实，奋发进取，努力提高医药职业能力，不断完善职业素质。

习题

题库

一、选择题（单选题1~8，多选题9~10）

1. 明代方孝孺云："凡善怕者，必身有所正，言有所规，行有所止，偶有逾矩，亦不出大格。"这句话教导人们要有（　　）。

    A. 恻隐之心 　　　　　　　　B. 是非之心

    C. 敬畏之心 　　　　　　　　D. 羞耻之心

2. "仁者爱人""推己及人"体现的情怀是（　　）。

    A. 欣赏他人 　　　　　　　　B. 珍惜自己及他人的生命

    C. 自私自利 　　　　　　　　D. 害人害己

3. "我的手还能活动；我的大脑还能思维；我有终身追求的理想；我有爱我和我爱着的亲人和朋友；对了，我还有一颗感恩的心……"世界科学巨匠霍金的话说明了他（　　）。

A. 有顽强的生命力

B. 有高雅情趣

C. 敬畏生命，热爱生命，热爱人生

D. 过于自信

4. 2016 年 11 月 24 日江西宜春市丰城发电厂三期在建项目发生冷却塔施工平台坍塌特别重大事故。事故发生后，正在国外访问的习近平总书记立即作出重要指示，要求江西省和有关部门组织力量做好救援救治、善后处置等工作。国务院总理李克强作出批示，要求争分夺秒抢救被困人员，全力以赴救治伤员，尽最大努力减少伤亡。以下说法错误的是（　　）。

A. 生命价值高于一切

B. 党和国家领导人对生命的敬畏

C. 生命是宝贵的，我们要珍爱生命

D. 人的生命在自然灾害、人为灾害面前无能为力

5. 天津塘沽大爆炸，场面惨烈。在人们纷纷逃离灾难现场时，有一群人却与大家逆向而行，勇敢奔赴现场，被网友称为"世界上最帅的逆行"，这"最帅的逆行者"就是消防员，下面关于"世界上最帅的逆行"的说法，不正确的是（　　）。

A. 不尊重生命，缺乏安全意识

B. 尊重生命，实现生命的价值

C. 关爱他人，让生命焕发了光彩

D. 生命的价值在于对社会的贡献

6. "未医彼病，先医我心"——刘昉《幼幼新书·自序》告诉人们（　　）。

A. 存仁心方能行仁术　　　　　B. 自私自利

C. 生命的意义不在长短　　　　D. 害人害己

7. "医乃仁术"是指（　　）。

A. 道德是医学活动中的一般现象

B. 道德是医学的本质特征

C. 道德是医学的个别性质

D. 道德是个别医务人员的追求

8. "厚德尚道"是北大医院的价值观，这体现了（　　）。

A. 仁心和仁术的结合才是好的医疗

B. 医疗的目标是提高治愈率、降低病亡率

C. 医疗只靠技术水平

D. 技术是个别医务人员的追求

9. 张敏在援助洛若镇卫生院工作中，发现医务人员普遍存在医学基础薄弱，欠缺主动学习意识，于是利用自己下班时间对医院工作人员进行医学基础培训。通过每周一次小培训，一月一次大培训及一系列学习和考核，洛若镇卫生院药剂人员能熟练掌握药剂科日常工作，其药品管理能力得到了巨大的提升。张敏在援藏期间，表现优异，荣获色达县卫健局"传帮带"优秀个人称号、四川省卫健委援助藏区"传帮带"先进个人等诸多荣誉。张敏的事迹启发我们（　　）。

A. 专业知识是提升工作能力的基础

B. 无私大爱是工作桥梁

C. 尊重生命，实现生命的价值

D. 医疗只靠技术水平

10. 特蕾莎修女是世界著名的天主教慈善工作者，因其一生致力于解除贫困，获得诺贝尔和平奖。这位貌不惊人的修女，让无数被世俗社会抛弃的人，在生命的最后几个小时里，获得尊严的补偿。她曾把一个濒临死亡的老人带回救护所，老人躺在床上，紧紧地握住修女的手，说："我生活得像条狗，如今我死得像个人，谢谢你!"。"用伟大的爱做小小的事"，特蕾莎修女一生践行的这个准则，不仅使她自己获得内心的宁静与满足，也试图唤醒全世界的良知。特蕾莎修女对贫苦人的爱体现了（   ）的生命观。

A. 尊重生命   B. 对他人要有仁爱之心

C. 生命的意义不在长短   D. 生命的价值在于对社会的贡献

二、简答题

1. 什么是仁心仁术？

2. 医药职业者仁心的主要作用是什么？

3. 结合将来的工作目标，请你谈谈如何为解除患者病痛而努力？

第四章　理明术精、厚朴守正

📖 学习目标

知识目标

1. 掌握理明术精、厚朴守正的内涵。
2. 熟悉理明术精、厚朴守正的基本要求。
3. 了解理明术精、厚朴守正与药德的关系。

技能目标

1. 能树立正确的义利观念。
2. 具备坚守正道、坚持原则的医药职业综合素养。

居利思义，在约思纯。

——［春秋］左丘明《左传》

第一节　理明术精

💬 案例讨论

【案例】张雄毅 1982 年从技校毕业进入上海雷允上丸剂车间工作，在 35 年的工作磨砺中，他能将一堆 0.5kg 的药粉，完全通过手臂力量摇晃，制成六神丸，如此古法技艺实属罕见。

六神丸属于国家保密产品，每丸仅重 3.125mg，直径仅为 0.8mm。经过张雄毅数十年的实践钻研，粒与粒之间的误差小于 $10\mu g$，且损耗在 1% 之内，有效成分的误差不超过 1%，这是目前机械化大生产所不能及的。

2010 年，六神丸制作技艺被认定为国家级非物质文化遗产，张雄毅也被评为上海市非物质文化遗产传承人。作为六神丸第六代传承人，传帮带对于张雄毅来说义不容辞。他将自己掌握的技艺毫无保留地通过授课、带教等形式传授给学员和徒弟，秉承着传承与坚守，理明与术精。

【讨论】1. 张雄毅身上有哪些值得我们学习的精神？

　　　　2. 通过案例，如何看待理明术精？

一、理明术精的内涵

医药从业人员承担着守护人民生命健康的特殊使命，要求从业人员具备明辨事理、技术精湛、专业精通的职业精神与药德。

（一）理明

"理明"指的是明理，即明辨是非。树若正直，能参天成伟材；人若正直，可明理识大局。《子华子》言"医者理也，理者意也。"理明则意得，意得则审脉处方，无所使而不中；明代张介宾《景岳全书》开篇即言"明理"，说道："万事不能外乎理，而医之于理为尤切。"清代俞廷举在《金台医话》中说："医者理也，士不博览群书，无以明理，理之不明，何以认证，证之不明，何以立方？"

因此只有"明理"，才会"明医"，心存医理方可为医。要研究事物当先明其理，而医药关乎人之性命，为世间至大至要之术，更需理明。这就好比疾病有万种之多，但是每一种病都有病因病机，医者若能在临症之时明确医理，洞察某病之本，得病之真，则某病之治法方药也明确无疑。由此可见理明极其重要，是医药从业人员必须具备的技能，并且要日月有进，终身不辍。

（二）术精

"术精"指的是一项技术、一种工作本来做得很好，还可以做得更好，达到尽善尽美。也就是人们常说的精益求精、兢兢业业、恪守匠心、专注于心、严谨治学、精业强技的职业精神和勇于创新的工匠精神。

术精自古是医药从业人员的职业道德要求。药王孙思邈在《大医精诚》中告诫医药人，医药乃"至精至微之事"，万万不可有"求之于至粗至浅之思"；清代医学家吴瑭强调："学医不精，不若不学医也"；清代医药学家赵晴初指出，"医非博不能通，非通不能精，非精不能专，必精而专，始能博而约"。这些论述无不强调作为医药从业人员，精通医理、技术精湛的重要性。

明理术精也是百年医药老店经久不衰的重要"法宝"，北京同仁堂追求"至优至精"的经营理念，坚持"配方独特、选料上乘、工艺精湛、疗效显著"的传统特色制药手法；胡庆余堂秉承"采办务真，修制务精"的堂训，选材道地，炮制精益求精。

二、理明术精是药德的核心

明理术精是药德的核心。药德属于主观意识方面，包含医药职业道德知识、情感、意志和信念等。明医理、精技术是药德意识养成的成果展现与转化。两者是一个问题两个方面，只有药德意识的不断强化，才能指导行为正确的目标和方向。反之，只有具备良好的学习能力，专注严谨、刻苦求知、追求极致的工匠精神，才能更好地服务于人、造福于人。热爱医药事业，专注做好一件事，克服困难，坚持不懈，这是良好药德行为，是药德的核心。

三、理明术精的基本要求

古往今来，大凡有所成就者都是用心专一之人。心在一艺，其艺必工；心在一职，其职必举。医药从业人员要做到理明术精，就要养成专心专注、认真严谨的职业态度；树立终身学习的理念；勤学钻研，做到业务精、技能强、勇于创新、追求卓越。

（一）认真严谨、专心专注

医药工作是"至精至微之事"，药品质量事关生命，不容有半点差错，更要不得投机取巧、半吊子功夫。比如制药，要确保每一粒药都符合质量标准，每一粒药都是良心药、合格药。就需要医药从业人员集中全部精力坚持做一件事情，无论是理明或术精，都要求首先具备专心专注、

医药职业道德

微课

医药大学堂
www.yiyaodxt.com

认真严谨的职业态度。

1. 认真严谨 是指做事一丝不苟，注重细节，严要求、高标准。想要把工作做好、做细，离不开严谨细致的工作作风。医药从业者要始终把认真严谨、坚持标准、遵守规范作为工作准则。对工作有高度的责任心，把自己作为第一责任人。特别在药品的研发、生产、使用过程中，每一个环节都要认真严谨。坚决杜绝工作上的"基本上""可能""应该""差不多"等随意态度，"千里之堤溃于蚁穴"，一个被忽视的错误，很可能带来严重后果。

2. 专心专注 医药行业产品改进与技术提升是一个循序渐进的过程，从量的积累到质的飞跃过程，需要每一个医药人的刻苦学习和不断实践与积累。脚踏实地从基础做起，不可急于求成，更不可心浮气躁，要做到摒弃浮躁、不畏困难、心无旁骛，全身心地投入。

（二）勤学苦练、精业强技

理明术精要求医药从业人员树立终身学习的理念，勤学苦练，不断提高业务水平，做到业务精、技术强。

1. 坚持学习，终身学习 社会在不断发展，知识更新日趋加速，技术迭代日新月异，医药从业人员必须终身学习才能适应工作的需要，停步不前也是一种退步。要学以致用，善于总结，做到业务精、技术强。

2. 培养学习能力，提高业务水平 学习是成长的阶梯，实践是提高技能的途径。作为未来的医药从业人员，在校期间要培养乐学、好学、治学的学习能力，培养良好的学习兴趣，做一个自由探索、勤于实践的自主学习者。进入工作岗位后，要钻研业务知识，提高业务能力，满足自我可持续发展的需要。自觉学习医学、药学、法律法规、管理学、心理学、人际沟通等知识，培养综合素养。掌握真才实学，练就过硬本领，及时了解国内外最新发展动态及行业发展的新知识、新技术、新工艺，更好地服务于人民健康。

（三）学以致用，善于总结

《礼记》中说："博学之，审问之，慎思之，明辨之，笃行之。"笃行就是持之以恒，坚定不移地去实践，在应用知识和技能解决问题的实践过程中不断提高业务能力。

> **▶ 拓展阅读**
>
> #### "吾书不如吾画，吾画不如吾医"
>
> 傅青主是明清之际著名的思想家、书法家，更是一名非常有名的医学家。由于他在内科、妇科、儿科等方面造诣颇高，被后人称为"医圣"。
>
> 傅青主在思想、文学、书画与医学上成就颇高，但他最看重的还是医学。他曾说："吾书不如吾画，吾画不如吾医。"一方面是对自己的书法、文学的自谦，另一方面也表现出傅青主对医学的看重。他认为，作为一个医生，首先要精通医理，因为治病就如作战，只有丰富的战略指导，才会有百变的战术与底气。就如同面对反复变化的病症，必须有扎实的医理指导，经过深思熟虑的思考，方可开列处方。
>
> 另外，傅青主还非常善于总结，擅长学以致用，用心收集来自民间的一些单方、验方和丰富的医疗知识，不断提高自身医术。

（四）勇于创新、追求卓越

1. 勇于创新　现代社会日新月异，世情、国情、科技等都在发生翻天覆地的变化，要想在新时代中存有一席之地，就需要当代大学生迈开前进的步伐，勇于创新。创新也是医药行业发展的永恒主题，中国共产党第十八次全国代表大会召开后，习近平总书记多次强调要强化科技创新源头供给，提升创新策源能力。国家也出台相关政策鼓励创新，如《关于深化审评审批制度改革鼓励药品医疗器械创新的意见》《关于加强和促进食品药品科技创新工作的指导意见等》，鼓励创新药、儿童专用药、临床急需以及罕见病治疗药物。

疾病的不断变化给医药从业人员带来巨大的挑战，要求医药从业人员具备不断创新、追求进步的无畏精神；善于发现，勇于尝试，大胆而科学的探索未知领域；善于观察，勤于思考，敢于对落后技术、工艺做改革、创新；运用新技术、新工艺探索新突破。

2. 追求卓越　追求高标准是人类发展进步的动力，对药品的质量追求，永远没有完成时。药品的研发、生产、经营活动的精益求精、追求卓越是医药从业人员永恒的追求，只有用创新的精神不断追求卓越、追求尽善尽美，才能满足人民对美好健康生活的向往与追求。

医药从业人员要本着对人民健康负责的态度，不断追求卓越，为人民提供更好的医药服务。对技术与产品要精益求精，专注细节，反复推敲。天下大事，必作于细。在药学服务环节，关注消费者细节，为消费者提供差异化的产品与服务，力求每一位顾客都能满意。在药品生产环节，关注每一个产品生产工艺流程细节，把控质量，减少浪费，最大化提升效率与医药产品质量。

第二节　厚朴守正

一、厚朴守正的内涵

（一）厚朴

"厚朴"是一味常见的中药，味苦、辛，性温，归脾、胃、肺、大肠经，具有燥湿消痰，下气除满之功效。"厚朴"也可以形容人的品质，"厚"寓意着崇尚、重视与积累；"普"则寓意返璞归真，朴实无华，一身正气。两个字合在一起，代表追求淳朴的思想、精神和心灵，具备淡泊名利、脚踏实地、追求理想、探索真理的优良品质。

（二）守正

"守正"指恪守正道，为人正气、正直，坚守正义。"守正"是中国传统文化的核心价值。"正"者，大道也，涵盖正确理论、客观规律及道德操守。从哲学角度讲，它是事物的本质和规律。一切被实践所证明正确的东西、从无数成功与失败中得出的宝贵经验，都可谓之为"正道"。

中华民族是一个讲仁爱、守诚信、弘正义的民族，坚守正道也蕴含在社会主义核心价值观当中。党的十八大提出的"富强、民主、文明、和谐，自由、平等、公正、法治，爱国、敬业、诚信、友善"24字社会主义核心价值观，无不体现了"守正"的基本要求：从国家层面来说，"守正"是富强、民主、文明、和谐的内在属性；从社会价值导向的角度来说，"守正"是自由、公平、公正、法治的内在维度；从个人德行的角度说，"守正"是构建爱国、敬业、诚信、友善的基石。

二、厚朴守正是药德关键

德为立身立事之根本。守住道德底线和法律底线，厚朴守正是关键。基于药品是特殊商品，与人民的生命健康息息相关，医药行业从业者更需要秉持高尚的德行操守——药德。药德是医药从业者的立业之本，是药学工作者职业素养的核心组成部分。药德内容广泛，内涵丰富，涉及药品的研发、生产、检验、流通、应用、监管各个环节。厚朴守正是药德的"戒尺"，不断地约束与自我维持，体现在医药行业的各个环节。

（一）药品生产环节

药品的质量关乎人民群众生命健康，医药生产从业人员要守住底线，在药品的生产过程中，要认真、自觉、严格地执行《药品生产质量管理规范》（GMP），用条款来约束和规范生产过程和自身的行为，这既是法规和管理方面的规定和要求，也是药品生产过程中的道德要求。

（二）药品营销环节

医药从业人员在药品营销环节一定要严格自律，严格遵守药品经营法律法规，严格按照现行的《药品经营质量管理规范》（GSP）条款来约束和要求自己。为了确保药品质量，要从采购、分装、销售各个环节严防死守。严把药品购进的源头，在药品的招标采购中，坚持公平、公开、择优的原则，确保采购药品的质量；在药品零售环节，以患者为中心，为其提供安全、可靠、经济、疗效好的药品，将守护患者生命和公众健康作为最高道德行为准则；在药品价格方面，要讲究信誉，严格执行药品价格的有关规定。切勿因为各种诱惑，见利思义，对不符合法律法规的行为不闻不问，甚至充当保护伞。总之，只有坚持底线意识，才能守住安全红线。

（三）药品检验环节

药品属于高技术产品，成分复杂，检验难度较大。药品检验人员在质量检验时，必须要有高度的责任心，严格按质量规定的标准检验。医药检验从业人员一定要坚持原则，敢于同不正之风做坚决斗争。必要时，应深入到生产、经营、使用第一线了解真实情况，摸清影响药品质量的因素和问题，保证药品标准的科学性和实用性，确保药品质量达到和符合最优标准。坚决对不合格药品说"不"，不徇私情、不畏权势、不屈不挠。总之，医药检验从业人员需要有坚定的信念作为强大的精神支柱，一切以国家和人民利益为重，清正廉洁、坚持原则、刚直不阿。

（四）药学服务环节

药学服务是药品周期中的最后一个环节，也是最重要的一个环节。药学服务从业人员无论在药品零售企业还是在医疗机构，都必须把患者生命健康摆在第一位，重视药学服务工作，心存敬畏，手握戒尺，严格按照"安全、有效、经济、合理"的原则选择药物。主动、耐心、认真、细致地指导患者正确使用药物，不因经济利益引导患者滥用药物和长期用药。切忌麻痹、大意、敷衍工作任务与职责。保证药物安全，减少药物不良反应。在任何情况下都不能违规逾矩，清清白白做人，干干净净做事。

三、厚朴守正的基本要求

厚朴守正要求医药从业人员做到淡泊名利，树立正确的义利观；坚守正道，具备自律意识和底线意识；坚持原则，刚直不阿，敢于和不正之风作斗争。

（一）淡泊名利，树义利观

"健康所系，生命相托"，医药行业与人民生命健康及整个社会利益紧密联系。医药从业人员面对医药行业的虚假蒙骗、见利忘义、损人害己等现象，要坚守原则和底线，强调重义轻利的思想观念。

医药行业的特殊性及服务人类健康的社会功能，决定了医药从业人员绝对不能为了赚钱不择手段。东汉医圣张仲景认为名利是末，而为民治病才是本，反对"孜孜汲汲，惟名利是务"。唐代孙思邈行医，淡泊名利，不贪图利益，不追求享受，一生清廉，哪怕"珍馐迭荐"，他都"食如无味"；哪怕"醽醁兼陈"，他都"看有若无"。孔子认为，倘若"不义而富且贵，于我如浮云"。即通过不义手段获得的富与贵，就像空中的浮云一样，对其来说，是毫无意义的。这是中国古代文化的优秀传承，是中华民族始终遵循的道德准则和行为规范，同时也滋养着新时代社会主义义利观的发展。现代社会将义利观视为大公无私、公私分明、先公后私、公而忘私，坚持以为人民服务为核心，坚持以集体主义为原则，坚持物质追求与精神追求的统一，坚持求利目的与求利手段的统一，坚持个人利益与社会利益的统一。

> **▶ 拓展阅读**
>
> #### 行医不谋私利
>
> 庞安常自少时喜医方，为人治病，处其死生，名倾淮南诸医。黄庭坚在《庞先生伤寒论序》里曾写道："然人疾诣门，不问贫富，为便房曲斋，调护寒暑所宜，珍膳美蔬，时节其饥饱之度。爱老而慈幼，不以人之疾尝试其方，如疾痛在己也。盖其轻财如粪土，耐事如慈母而有常，似秦汉间任侠而不害人，似战国四公子而不争利。"描述了庞安时高尚的医德被百姓传颂，"行医不谋私利""视患者如亲友"。庞安常不以财富来划分患者，对贫困患者不仅不收诊费，还给予良好的救治，即使有钱的患者也坚持以少量、廉价的药物达到治疗目的。这对我国医德医风建设具有借鉴意义，也为医药工作者树立了典范。

（二）坚守正道，强化意识

医药从业人员要坚守正道，具有道德的信念和严格的自律。当今社会，充斥着各种各样的诱惑与考验，医药从业人员要学会规避风险，守住底线。底线是事物质变的分界线，人们行为的警戒线，不可触，更不可踩。法律、道德、规矩、纪律是做人做事的公共底线。每一个医药从业人员要牢固树立底线意识，坚守法律底线、道德底线、规章制度底线，就等于在坚守生命底线。因为在与生命息息相关的医药实践中，坚持底线意识才能坚守正道。医药从业人员要守住底线，自律就成为一种不可或缺的人格力量，没有自律，医药从业人员将在诱惑面前，变得"软弱无力"，所有纪律也会形同虚设。自律是无形的，又有规律可循。自律是一种信仰、自我反省、自我警示、自爱、自觉，拥有自律能够让人变得更加有毅力，让内心变得强大，帮助人们战胜无数困难。

（三）坚持原则，刚直不阿

原则是指经过长期经验总结所得出的合理化的现象。对医药从业人员来说，原则就是方向，是底线，也是保护伞。在面对困扰时，坚持原则就是最正确的选择，也是唯一的选择。坚持原则，就不能当老好人，要不畏权贵，不徇私情，虽然会得罪少数人，但却会赢得大多数人的支持。一次的松懈，一次没有坚持原则，都有可能对人民群众的健康造成危害。

∞ **知识链接**

同仁堂对中医药文化的传承

同仁堂作为中国老字号药店，其中医药文化体现在"同修仁德，济世养生"的价值观。"炮制虽繁必不敢省人工，品味虽贵必不敢减物力"，购买药材时，遵循"不怕价高，只要货好"的原则。工艺精湛，坚持原则，采用10余种净料方法，有20多个生产工序，及52种加工方法，该晒的必晒，该霜冻的必霜冻，绝不偷工减料，世代坚守行业道德。履行"讲信义，重人和"的经营理念，与时俱进，积极开展濒危野生动植物药材的替代研究工作，满足药品生产需求。"童叟无欺，一视同仁"，达官贫民一视同仁，真正做到了医者仁心。

同仁堂中医药文化传承了三百余年，既是中华中医药文化精华的浓缩，也体现传统医药职业道德的传承。

四、严守药规，守住底线

（一）严守药规的基本内涵

作为医药从业人员，要严守药规。从古到今，我国对药品的管理也有非常严谨的规范。东汉时期的《神农本草经》是现存最早的中药学著作，对中药的功用禁忌、加工方法、服药注意事项等都有严格的要求。中华人民共和国成立后，我国也在不断健全和完善与医药行业发展相适应的法律法规体系，制定了与药物研制、生产、经营、使用等实践过程相关的法律、法规、规则、标准及技术规范等。比如，《中华人民共和国药品管理法》《中华人民共和国疫苗管理法》为基础的医药类法律；《中华人民共和国中医药条例》等医药类法规；《药品生产质量管理规范》《药品经营质量管理规范》等规章；以《中国药典》为核心的国家药品标准体系；各医药企业根据国家法律法规、药品标准，结合企业现实情况，制定了确保药品质量安全的规章制度等。

严守药规是每一个医药从业人员必须执行和遵守的规则，医药产品的研制、生产、经营和使用都必须依照相关药规开展，这也是医药实践中必须遵守的最基本的法制底线。忽视或者不遵守药规，将很有可能在药品生产质量与安全上带来极其严重的后果。只有每一位医药从业人员都严守药规，重视药规，药品生命周期各项活动才能有序开展，进一步保障人民群众的安全用药和生命安全。

（二）严守药规的基本要求

张居正曾说："天下之事，不难于立法，而难于法之必行"，有法可依不代表有法必依，药规的完善不代表每一个医药从业人员都能严格遵守。所以，首先必须树立坚定的法律意识，指导医药从业人员自觉主动地去遵守和执行药规。其次，要提高法律修养，养成自觉守法的良好习惯。培养与提升个人素养，自觉将法律法规内化为自身的守法行为。将法治当作个人的真诚信仰与忠实践行，引导与修正个人行为。最后，作为医药从业人员，要自觉地以法治思维和法治方式去履行职责，将法治意识融入个人的世界观、人生观、价值观。

医药大学堂
WWW.YIYAODXT.COM

实训四　药害事件模拟新闻发布会

【实训目的】

举办药害事件模拟新闻发布会，旨在通过对医药行业领域出现的违法违纪事件的模拟新闻报道，培养学生对药害事件分析、理清、判断的能力，为增强学生专业能力、养成药德精神提供实践平台。

【实训步骤】

1. 通过药德课程、网络信息平台开展前期宣传，发布活动主题、流程，明确活动目的、意义等。

2. 确定主题，组建由地方政府、行业主管部门、医药企业发言代表组成的若干支新闻发布代表团队，选拔发布会主持人、确定主持词及记者团。

3. 为每支新闻发布代表团队配备相关专业导师，带领团队在发布会前收集药害事件相关资料，对问题进行深入剖析，深刻理解相关药害事件危害，探讨处置方案和回应公众的原则，指导每位代表撰写发言稿，演练发布会发言及答疑等过程。各新闻团队做前期充分准备。

4. 团队围绕主题，召开一场药害事件新闻发布会。

5. 评委评比。邀请企业主管、相关专家、专业教师等担任新闻发布会评委。

【实训内容】

1. 宣布新闻发布会开始。主持人宣布开始，介绍本次新闻发布会主题药害事件发生背景和主要情况。

2. 新闻发言团队发言。新闻团队紧密结合发布会的主题，站在代表方的立场，全面地分析事件，深刻、准确地阐明观点，作出正确判断。

3. 现场记者提问。记者事先对药害事件背景、情况、公众需求和态度都做好充分调查和分析，发言具有针对性。

4. 评委点评。从对药害事件剖析、处理及对药德核心精神体现、感受程度等视角对参赛代表团队的表现进行点评。

5. 宣布结果。根据每支新闻发言团队新闻发言、答记者问等的综合表现评定结果。

【实训评价】

1. 各团队在前期做好充分准备，充分查阅资料，围绕主题制作新闻发布背景介绍 PPT、撰写发言稿。

2. 发言要紧紧围绕新闻发布会主题，地方政府、行业主管部门、药品生产企业的各发言代表要从己方立场，正确剖析看待药害事件，深刻、准确阐明本方合理观点，发言时间为 5 分钟。

3. 每名记者每次提问控制在 20 秒内，要求对药害事件有清晰的认识和判断。每名记者至多提问两次，每个团队的问答时间控制在 5 分钟以内。

4. 结合药害事件新闻发布会主题撰写不少于 800 字的心得体会。

本章小结

本章讲述了理明术精及厚朴守正的内涵，阐明理明术精是药德的核心；厚朴守正是药德的关键。掌握理明术精及厚朴守正在医药实践中的基本要求，培养专心专注、认真严谨、淡泊名利、坚守正道的职业态度。强调刻苦钻研、精业强技、勇于创新、追求卓越的工匠精神；更强化了自律意识、底线意识和敢于同不正之风坚决斗争的无畏精神。

习题

一、选择题

1. 厚朴守正要求医药从业人员做到（　　），树立正确的义利观。

   A. 淡泊名利　　　　　　　　B. 全心全意

   C. 刻苦钻研　　　　　　　　D. 努力学习

2. （　　）认为名利是末，而为民治病才是本，反对"孜孜汲汲，唯名利是务"。

   A. 李时珍　　　　　　　　　B. 张仲景

   C. 孙思邈　　　　　　　　　D. 华佗

3. 药学服务从业人员无论在药品零售企业还是在医疗机构，都必须把（　　）摆在第一位，促进疾病的早日康复。

   A. 经营管理　　　　　　　　B. 热情服务

   C. 患者生命健康　　　　　　D. 药品价格

4. （　　）是指做事一丝不苟，注重细节，严要求高标准。

   A. 淡泊名利　　　　　　　　B. 坚守正道

   C. 一心一意　　　　　　　　D. 认真严谨

5. （　　）指的是一项技术、一种工作本来做得很好，还可以做得更好，达到尽善尽美。

   A. 术精　　　　　　　　　　B. 厚朴

   C. 守正　　　　　　　　　　D. 理明

二、简答题

1. 如何理解医药人的理明术精？

2. 在从事医药实践工作中，如何践行"厚朴守正"？

第五章　诚信守法、敬业奉献

学习目标

知识目标

1. 掌握诚信守法在医药实践中的基本要求。

2. 熟悉医药工作应遵守的法律法规。

3. 理解诚信守法、敬业奉献的精神内涵。

技能目标

1. 能严格遵守医药相关法律法规，牢固树立法治意识。

2. 具备诚信守法、敬业爱岗、无私奉献的职业精神。

子曰："人而无信，不知其可也。大车无輗，小车无軏，其何以行之哉？"

——孔子《论语·为政》

第一节　诚信守法

案例讨论

【案例】2018 年 7 月 5 日，根据群众举报提供的线索，国家药监局会同吉林省药监局对长春长生公司进行飞行检查；7 月 15 日，国家药监局发布了"关于长春长生生物科技有限责任公司违法违规生产冻干人用狂犬病疫苗的通告"，通告内容显示，长春长生生物科技有限责任公司编造生产记录和产品检验记录，随意变更工艺参数和设备，严重违反《中华人民共和国药品管理法》《药品生产质量管理规范》有关规定，责令企业停产，收回药品 GMP 证书，召回尚未使用的狂犬病疫苗。国家药监局会同吉林省药监局对该企业进行立案调查，涉嫌犯罪的移送至公安机关追究刑事责任。

【讨论】1. 如何评价长春长生生物科技有限责任公司生产记录造假的行为？

2. 收回药品 GMP 证书对于制药企业意味着什么？

诚，信也，诚信是一个人立身之本，是社会主义核心价值观内容之一，是社会和谐的基本道德准则之一，也是国与国之间交往应当遵守的基本准则；守法是每个公民应尽的义务，也是社会主义道德的基本要求。药品不同于普通的商品，医药行业事关人民大众的健康，诚信守法是医药职业道德的前提，药品生产、经营及临床使用等各个领域必须以诚信为本，严格遵守相关法律法规，把人民放在心上，时刻牢记生命至上，健康第一，尽一切努力为人民健康保驾护航。

PPT

医药大学堂
WWW.YIYAODXT.COM

一、诚信守法的内涵

诚信即诚实守信，是中华民族的传统美德之一，也是人类文化的宝贵资源，其基本含义是：诚实无欺，信守诺言。无论在过去、现在，还是未来，诚信对于培育和弘扬中国精神都极为重要。诚信是人们内心深处的信念，是天道自然的反映，是宇宙的普遍法则。许慎在《说文解字》中提到："诚者，信也；信者，诚也"。从一定的意义上说，诚信是人的道德行为的集中表现，属于道德实践的范畴。诚信是成就事业的基石，也是做事的信条，更是立足职场的原则。一个人一旦缺失了诚信力量的强大支持，就会在社会上寸步难行。

守法，是指一切国家机关及其工作人员、政党、社会团体、企事业单位和全体公民，自觉遵守法律的规定，将法律的要求转化为自己的行为，从而使法律得以实现的活动。守法行为受客观条件和主观条件的影响，守法主体所处的客观社会环境会对守法行为产生不同程度的影响，如法制状况、政治状况、经济状况、民族传统等。守法主体的主观条件如心理状态、政治意识、法律意识、道德意识、文化教育程度等都对其守法行为产生潜移默化的影响和支配。"无规矩，不成方圆"，任何一个国家都需要法律维护社会秩序、保障人民安全。俗话说得好：国有国法，家有家规，我国是法治国家，依法治国将得到广大人民群众的衷心拥护，在法律面前人人平等，法律的尊严和权威不允许践踏，大家都应自觉遵纪守法。诚信守法从道德和法律两个方面共同约束着人们的行为规范，诚信依靠个人的自觉，守法要依据国家相关法律、法规，且法律具有强制性。

诚信守法是立身之本。习近平总书记曾说："人与人交往在于言而有信，国与国相处讲究诚信为本。"我国信用体系的建立和不断完善是近年来，社会主义市场经济不断走向成熟的重要标志之一。诚信守法是每个人应该遵循的基本准则，国家相关部门应不断加大对违法失信人员处罚力度，违规必究，违规必罚，强化责任担当意识，让规章制度长出锋利爪牙，让违法失信行为无所遁形，让违法失信者无法在行业立足，切实维护诚信守法者的合法权益。

诚信守法是行业之基。诚信守法是企业的经营之本、立身之魂。是企业立足社会、回报社会的无形资产，会让企业赢得更多消费者信赖和市场青睐，从而为企业持续健康发展赢得口碑。反之，企业缺乏诚信，制售假冒伪劣产品，不仅会威胁到人民群众的人身健康和财产安全，也会危及经济良性运行与社会和谐稳定，从而影响企业自身持续健康发展，难逃市场淘汰、法律制裁。

习近平总书记指出："对突出的诚信缺失问题，既要抓紧建立覆盖全社会的征信系统，又要完善守法诚信褒奖机制和违法失信惩戒机制，使人不敢失信、不能失信。"诚信是社会主义核心价值观的重要内涵，也是经济社会健康和谐发展的重要保障。

二、诚信守法是药德前提

寇宗奭在《本草衍义》中写道："用药如用刑，刑不可误，误则于人命，用药亦然，一误便隔生死。"医药行业是关系到千千万万人身体健康与生命安全的特殊行业，要提升医药行业生产安全水平和监管水平，更需要建设一支德才兼备的高素质医药人才队伍，医药行业从业人员必须遵循医药职业道德，诚信守法则是药德的前提。

药品不同于普通商品，事关人民健康，从研发、临床试验、生产、经营、使用等各个环节，生产、经营必须遵守国家相关法律法规，新药研发临床试验要遵守药物临床试验管理规范（GCP），开办药品生产企业必须依法取得药品生产许可证，生产过程要遵守《药品生产质量管理规范》（GMP）。《中华人民共和国药品管理法》明确规定，开办药品批发企业或药品经营企业，必须依法取得药品经营许可证，无药品经营许可证的，不得经营药品。所以，依法取得药品经营许可证是企业获得药品批发或药品零售经营资格、从事药品经营活动的法定凭证。药品经营企业在经营过程中要严格遵守《药品经营质量管理规范》（GSP），它对药品批发企业、药品零售企业的经营质量要求，分别做了详细阐述和解释，在药品的购进、储运、销售等环节实行质量管理技术，防止药品在流通过程中发生差错、污染、混淆和变质，杜绝假劣药品及一切不合格、不合法的药品通过流通渠道流入消费者手中。

医药行业企业工作者应时刻牢记"生命至上，健康至上"，严格做到遵纪守法，合规经营，将诚信守法贯穿于药品生产经营的各个环节，通过构建制度保障体系，严格质量管理，确保药品安全。

2020年7月21日，习近平总书记在企业家座谈会上指出："法治意识、契约精神、守约观念是现代经济活动的重要意识规范，也是信用经济、法治经济的重要要求。企业家要同方方面面打交道，调动人、财、物等各种资源，没有诚信寸步难行，企业家要做诚信守法的表率，带动全社会道德素质和文明程度提升。"

医药行业诚信的缺失，会增加隐性成本，扭曲医疗行为，降低医疗效率，通过层层交易提高药品价格，会加重患者及家属负担，严重影响医药卫生行业的健康发展。

∞ 知识链接

最严重失信"黑名单"

2017年8月，原福建省食品药品监督管理局发布了《福建省食品药品严重失信"黑名单"管理暂行规定》（以下简称《规定》）。此次发布《规定》，目的就是为了推进食品药品信用体系建设，建立健全食品药品失信惩戒机制，落实食品药品违法行为"处罚到人"。《规定》中明确，因食品药品严重失信行为受到行政处罚或刑事处罚的主体名单，包括食品药品生产经营者和药品或医疗器械临床试验、使用、检验检测等机构，以及依法受到市场和行业禁入的相关责任人员名单。

以下11种严重失信行为会被列入"黑名单"。

（1）违反食品药品法律法规，情节严重或造成严重后果，被吊销食品药品生产经营许可或被撤销产品批准证明文件的；

（2）行政许可申请人隐瞒有关情况或者提供虚假材料申请行政许可的；

（3）被许可人以欺骗、贿赂等不正当手段取得行政许可的；

（4）未取得许可从事食品药品生产经营活动的；

（5）违反食品药品法律、法规，情节严重，被食品药品监督管理部门处以责令停产停业处罚的；

（6）拒绝、阻挠、干涉食品药品监督管理部门依法开展监督检查、事故调查处理，受到行政处罚的；

（7）因食品药品安全违法犯罪行为受到刑事处罚的；

（8）医疗器械临床试验机构违反《医疗器械监督管理条例》规定开展医疗器械临床试验，造成严重后果的；或医疗器械临床试验机构出具虚假报告的；

（9）篡改经批准的医疗器械广告内容的，被撤销医疗器械的广告批准文件的；

（10）检验检测机构违反规定，出具虚假检验报告的；

（11）其他依法应纳入"黑名单"的情形。

三、诚信守法的基本要求

以中国传统诚信文化为理论基础，以老字号药商所坚持的"戒欺"为实践基础，围绕社会主义核心价值观中的"诚信"以及公民道德规范"爱国守法"中"守法"根本要求，医药工作者应通过不断加强自我修养，实现善良正直、诚实守信的品格，对人守信，对事负责；工作中严于自律，遵纪守法；始终秉持求真务实、实事求是的严谨态度。

（一）医药工作者要具有善良正直、诚实守信的品格

品格是人性中最重要的东西，它是道德规范在人心中的内化。"人之初，性本善"，善良是我国的传统美德，《说文解字》中写道："善，吉也。从誩，从羊。此与义美同意"，善本义为吉祥、美好，是吉祥和福气的象征，它不嫌多，因而多多益善，至善至美。从古至今，至善是人类追求的目标，如上善若水、勿以善小而不为，勿以恶小而为之。医药行业是关系到人民身体健康的特殊行业，从业者不仅需要具有高超的医药技术水平，更需要对老百姓发自内心的关切和友善。作为医药人，先做人，后做事，修身以成仁，以虔诚恭敬之心不断进德修业，臻于至善，用自己的所学所得服务社会。

2020 年在全国抗击新冠病毒疫情防控期间，广大医务工作者具有高度的责任感，不畏艰险，全力以赴投入到抗疫一线。身患渐冻症的武汉市金银潭医院院长张定宇，妻子被感染隔离，却瞒着全院医护人员，率领 600 多名白衣卫士在战役一开始就第一时间奔赴前线，张定宇说："我必须跑得更快，才能从病毒手里夺回更多的患者"。"共和国勋章"获得者钟南山院士，在非典和疫情防控工作中，作出了巨大奉献，他说自己只不过是一名看病的大夫，对他而言，让患者转危为安是他最大的幸福。无数医者像钟南山院士一样舍小家为大家，筑起坚固的抗疫防线。"人民英雄"国家荣誉称号获得者、中国工程院院士、天津中医药大学校长张伯礼终生奋斗的目标是"贤以弘德，术以辅仁"，他说："作为一个医生，要有高尚的医德，你有了高尚医德，有了治病救命的决心，还要有高超的技术，用高超的技术展现医务工作者的仁爱之心。"

正直即公正无私、刚直坦率。行得正，走得端，才能"身正不怕影子斜"。做人最基本的一条准则就是正直，正直和善良是相辅相成的，正直如高山，笑傲风云；善良如流水，滋养生命。它们一刚一柔，共同组成生命的根基。

我国自古就言"君子一言，驷马难追"，意思是一句话说出了口，就是套上四匹马拉的车也难追上。常用在承诺之后，表示说话算数。"曾子杀猪"的故事体现了曾子用自己的行动教育孩子要言而有信，诚实待人。宋朝名臣司马光有一句名言："事无不可对人言！"也就是说他一生的所作所为，都非常光明正大，什么话都能实话实说，不必隐瞒。《荀子》中曾提到："君子养心莫善于诚"，高尔基也曾说过："走正直诚实的生活道路，必定会有一个问心无愧的归宿"，诚信既是个人与他人、与社会的一份契约，同样也是自己与良心的约定。人人都要加强自身诚信建设，全社会以诚实守信为荣，以失信为耻，让守信者一路畅通，失信者寸步难行，让诚信真正成为一种自觉自律的行为习惯。

2019 年 6 月 3 日，北京市民政局联合北京养老行业协会共同发布了 2019 年度北京市养老服务机构失信名单和信息，这是自 2019 年 1 月《北京市养老服务机构信用信息管理使用办法》（京民福发〔2018〕419 号）实施以来，市民政局首次对外公开发布养老服务机构信用信息。公布的存在失信行为的养老服务机构共有 13 家，其中 12 家存在一般失信行为，1 家存在严重失信行为

（A 类），失信事实包括执业人员未取得医疗机构执业许可证、药品管理混乱、老人离院未及时注销、消防安全存在隐患、自备井未经批准擅自取水等，北京市各区民政局依据失信行为的类别和严重程度对养老服务机构实施失信惩戒措施，失信养老服务机构运营补贴领取及服务质量星级评定将受到影响。公开失信名单旨在提高养老服务机构法人和负责人对养老服务机构信用信息记录状况的重视程度和失信预警能力，进一步促进养老服务机构依法依规诚信经营。

（二）医药工作者要严于自律，谨遵药规

医药行业事关人民的身体健康，需要医药工作者时刻牢记"生命至上、人民之上"，始终把人民群众生命安全和身体健康放在首位，自觉做到自律。自律是指遵循法律并以此为基础进行的自我约束。唐·张九龄《贬韩朝宗洪州刺史制》："不能自律，何以正人？"柏拉图说过："自制是一种秩序，一种对于快乐与欲望的控制。"自律是一种不可或缺的人格力量，没有它，一切纪律都会变得形同虚设。真正的自律是一种信仰、一种自省、一种自警、一种素质、一种自爱、一种觉悟，它会让人发觉健康之美，感到幸福快乐、淡定从容、内心强大，永远充满积极向上的力量。诚信的约束不仅来自外界，更来自自律的心态和自身的道德力量。

药品从研发、生产、经营以及到最终临床使用，各个环节都要严格遵守相关法律法规，这是医药行业健康发展的客观需要，也是确保药品质量安全有效的重要保障。如医药相关行业需遵守的《中华人民共和国药品管理法》《中华人民共和国疫苗管理法》，药品研制过程需遵照执行的《药物非临床研究质量管理规范》（GLP）、《药物临床试验质量管理规范》（GCP），药品生产企业严格执行《药品生产质量管理规范》（GMP），同样，药品经营企业需按照《药品经营质量管理规范》（GSP）进行药品的验收、入库、销售，不得有任何纰漏，一旦出现违规行为，相关药监部门要依法对其进行查处。药品质量检查过程严格执行以《中华人民共和国药典》为核心的药品标准，或者执行高于药典标准的企业内部标准。相关医药企业在国家法律法规的基础上，可以结合企业具体情况，制定一系列确保药品质量安全及人员安全的规章制度，从各个细节做到"安全无小事，责任大于天"。

医药行业关乎百姓的健康，这更需要全体医药人全心全意做到严于自律，遵守国家相关医药法律法规，为人民健康保驾护航。诚信自律是医药行业立足于社会的基本保证，是促进医药行业健康发展的道德准则，是维护人民群众身心健康的必要条件。为了规范药品生产经营中的道德行为，营造良好的药品交易环境，恪守合法的生产经营秩序，必须建立诚信守法的自律体系。全国越来越多医药企业签署自律公约，2019 年 1 月 7 日，为彰显全国主流连锁药店企业规范经营，提升行业、呼应医保新政的决心，鸿翔一心堂董事长阮鸿献、老百姓大药房董事长谢子龙、益丰大药房董事长高毅等药品零售行业界代表赴京与相关领导进行交流，并向国家医保局正式递交行业自律公约，我国排名靠前的 28 家连锁药店企业作为发起单位，共同签署了《医保定点药店诚信经营自律公约》（以下简称《公约》），《公约》分别从合规经营、诚信经营、专业经营等角度提出自律要求，坚决反对药品经营企业诱导或放任参保人超范围刷卡的消费需求，要把改善参保人的健康状况作为工作核心。在今后医保严管时代，行业自律会变成常态。因此，医药企业要开展企业自查和相互监督，共同维护医保定点药店经营的秩序，不能为了追逐眼前利益，跟风不规范经营行为。

《医保定点药店诚信经营自律公约》

医保定点药店诚信经营八要八不要。

要遵纪守法，不要任性刷卡。要药师在岗，不要营私作弊。

要诚信待客，不要诱导虚欺。要对症荐药，不要只求毛利。

要专业服务，不要组方随意。要建立机制，不要侥幸心理。

要接受监督，不要内部包庇。要行业自律，不要败坏风气。

（三）医药工作者要秉持实事求是、求真务实的严谨态度

实事求是、求真务实是追求事物真实性应有的基本态度。所谓"求真"，就是"实事求是"，正确把握各项事业科学发展的客观规律和实际情况。务实，就是脚踏实地，一步一个脚印地推进各项工作开展。习近平总书记指出，做工作要实事求是、求真务实，善始善终、善作善成。医疗事业涉及千家万户，关系人民安危，更应坚持实事求是、求真务实的精神，在医药工作中践行一丝不苟、严谨规范的职业精神，从药品研发、生产、流通、经营到临床使用以及医疗垃圾的处理，均应严格遵守《中华人民共和国药品管理法》及其他相关法律法规。

扁鹊是春秋战国时期名医，他医术高超，经常带领弟子云游各国，为君侯看病，帮助百姓除疾病之苦。有一天，扁鹊路过虢国，恰好赶上当地百姓在为刚昏死半日的太子祈福消灾，扁鹊询问太子的病情，推测太子并非真死。于是，乃使弟子子阳厉针砥石，以取三阳五会以熨剂即"以八减之齐和煮之，以更熨两胁下"等方法治愈虢太子的尸厥。大家都称赞他有起死回生之术，扁鹊却客观地说："越人非能生死人也，此自当生者，越人能使之起耳"。这段话反映出一代大医实事求是、不图虚名的品质，虽然医术高明，但却具有不浮夸、不沽名钓誉的高尚医德精神。

医药工作者秉持实事求是、求真务实的工作精神，体现在工作中就是勤学苦练、探索真知、学以致用。书山有路勤为径，学海无涯苦作舟。人生在勤，勤则不匮；户枢不蠹，流水不腐。任何医务工作者的精湛技艺绝非一日之功，作为人民健康的守护者，他们的锻炼与学习几乎是一生不间断的。

实事求是、求真务实要以明辨为核心，结合实际具体问题具体分析。如果不能辩证看问题，就无法做到真正的实事求是。福建名医杜建，1965年9月起从事中医临床工作，是全国老中医专家学术经验继承工作指导老师，全国名中医，福建省名中医，患者心中的"救世良医"。作为新中国成立后培养的第一代中医师，杜建具备扎实的中国传统文化和中医功底。在用药上，他遵循古训，根据中医的组方原则"君臣佐使"开方，但他师古而不泥于古，他强调，中医既客观又宏观，中医理论体系是紧密地把个人和自然界结合在一起，对疾病进行辨证论治，必须把环境因素考虑进来。想借某一个药方套用在临床上走捷径，这是不行的。他在下笔开方前，会详细询问病症，处方内容详尽完备，他说"这样做是对患者负责。治病救人，实事求是最重要"。

拓展阅读

"火眼金睛"的中药鉴定专家——芦广荣

芦广荣，1938 年 2 月出生，国家级非物质文化遗产项目传承人，同仁堂中药材传统鉴别技术的代表人物，北京同仁堂集团终身专家。曾荣获全国先进女职工、北京市劳动模范、三八红旗手等多项荣誉，并获得了全国中药技术竞赛表演奖，被评为全国 500 名中医药老专家。芦广荣 1958 年进入同仁堂，跟随当时北京市药材公司的细贵药材专家赵振刚学习细贵药材的传统鉴别技术。学徒 5 年后，开始独立担当细贵药材的鉴别重任。药品质量检验工作在一些人眼里是一种权利，可是芦广荣却认为那不是权利而是沉甸甸的责任，芦师傅说："药品是用来治病救人的，来不得半点马虎。"经过几十年的实践，练就了一身细贵药材鉴别的精湛绝艺，成为全国中药材界的知名鉴定专家，被业内誉为"火眼金睛"。每年经她检验杜绝的伪劣药品价值达 1000 万元，有效防止了伪劣药品流入市场和进入生产环节，确保了药品质量。

某年，北京市药材公司购进一批豹骨，内混有较多伪品，因当时相关人员在专业技术认识上有不同看法，故报请市药检所重新检定，由中科院动物研究所猫科动物专家对芦广荣所检验的豹骨进行了再次检验，复检后的结论是，芦师傅鉴定的合格品中无一根假品，不合格品中无一根真品。

芦广荣一直坚持绝不让伪劣药材流入生产环节，绝不让同仁堂失信于患者。

医药行业要以诚信守法为荣，将药品诚信守法作为医药工作者的共同理念和行为准则；自觉维护药品市场正常秩序，不生产销售假冒伪劣药品，不搞不正当竞争，不欺诈、哄骗消费者利益，积极承担社会责任，成为"健康中国"事业的推动者和贡献者。医药人要坚持诚信为本、依法生产、依法经营、实事求是，时刻牢记"生命至上、人民至上"。

第二节　敬业奉献

案例讨论

【案例】"屠呦呦发现了青蒿素，能极大地降低疟疾患者的死亡率。为人类提供了强有力的新武器，以对抗每年困扰着亿万人的疾病，这在提升人类健康和减轻患者痛苦方面的作用是不可估量的。"这是 2015 年 12 月 10 日诺贝尔奖颁奖典礼上评委会对屠呦呦的颁奖辞。屠呦呦的成功绝不是偶然，一方面取决于她对医药事业的不懈追求，另一方面取决于她的敬业和奉献精神。屠呦呦带领科研团队展开科研攻关，从系统整理历代医籍、本草入手，收集两千多种方药，又从中选出 200 多方药，组织筛选。经研制 380 多个样品，不断改进提取方法，终于在 1972 年成功提取出青蒿素。

【讨论】1. 科学家屠呦呦的敬业奉献精神体现在哪些方面？

2. 你身边有哪些敬业奉献的人或事？

一、敬业奉献的内涵

"敬业"是社会主义核心价值观内容之一，是从个人行为层面对社会主义核心价值观基本理念的凝练，是中华民族的传统美德。"敬业奉献"的关键在于"敬业"，爱岗敬业者方能甘于奉献于自身的事业。敬业是对公民职业行为准则的价值评价，各行各业的发展，离不开敬业奉献精神，爱岗敬业、忠于职守、履职尽责、团结合作、克己奉公，全心全意为人民服务，这些都是敬业奉献精神的充分体现。

"敬"在我国古代是一项非常重要的道德规范。《说文解字》记载："敬，肃也。"即认真严肃的意思，为慎重地对待，不怠慢不苟且，体现了人的一种专注态度。"敬"是儒家伦理的本质与核心，是文化内心修养而形成的高尚品德，是修身、治学的态度与方法，是一切从业者在工作中应秉持的基本态度。孔子及其弟子在《论语》中曾说道"敬事而信""居处恭，执事敬""事思敬""修己以敬"，表明了孔子对事业的态度：即主张人在一生中始终要勤奋、刻苦，为事业尽心尽力。《左传》也曾提到："慎始而敬终，终以不困。"即做事情仔细、谨慎地开始，自始至终毫不怠慢，就不会有窘迫之患。这也告诫人们要保持"慎始敬终"的奋斗姿态，任何安于现状、淡化风险、懈怠松弛的行为，都将难以成事。魏徵在《谏太宗十思疏》中也说道："惧满溢，则思江海下百川；忧懈怠，则思慎始而敬终。"

"敬业"一词最早出现在《礼记·学记》，"比年入学，中年考校。一年视离经辨志，三年视敬业乐群"，"敬业乐群"意思为专心于学业，和同学和睦相处。随着时代的发展，"敬业"这一词语从专心于学业延伸到工作和事业，是一个人对自己所从事的工作及学习负责的态度，即严肃认真、专心致志、兢兢业业对待每一项工作和学习。

大禹治水，三过家门而不入，用13年时间，终于制服了洪水。他把天下有人淹死看成是自己没有尽到责任，身劳焦思，身体偏枯，手足胼胝，全心全意治水。他克己奉公、敬业奉献精神值得后人景仰。国际共产主义战士白求恩舍生忘死、无私奉献的精神影响了一代又一代中华儿女，"你们不要拿我当古董，我是来工作的，你们要拿我当一挺机关枪来使用"这句话充分展现了白求恩的敬业精神。当时年近50岁的白求恩，曾多次为伤员输血，而且有过一次连续为115名伤员做手术的经历，持续时间达69个小时，他认真负责、敬业奉献的精神值得所有医药工作者学习。

在传承发扬优秀传统文化及学习无数先辈敬业奉献精神的基础上，每一位中华儿女应在本职工作中投入极大的热情，爱岗敬业，将毕生心血投身于祖国建设事业的发展；在岗位上"乐群"，与同事团结协作，合力促进各项工作高效有序完成；同时，在工作中发扬全心全意为人民服务的精神，克己奉公，无私奉献，舍小家，为大家。

二、敬业奉献是药德升华

"敬佑生命，救死扶伤，甘于奉献，大爱无疆"是对医务工作者最崇高的赞美。敬业奉献是药德的升华，无数甘于奉献的医者，用他们的一生践行救死扶伤的初心。敬业奉献的关键在于"敬业"，敬业者方能甘于奉献。

雷锋、任长霞等先进人物可以称得上是家喻户晓的具有敬业奉献精神的楷模；孔繁森呕心沥血，鞠躬尽瘁，造福西藏人民，魂洒青藏高原；焦裕禄廉洁奉公、勤政为民，为党和人民事业鞠躬尽瘁、死而后已。作为时代英雄，他们的奉献是最高层次的奉献，具有先驱性、号召性、风险性。而奉献不一定非要舍生忘死、达到大无畏的境界，社会生活不仅需要英雄的奉献，也需要平凡的奉献。制药工作者严格按照相关标准操作规程进行药品生产、检验，一丝不苟，精益求精，时刻谨记质量第一；药品销售人员全力保障给广大患者提供安全有效合格的药；医生仔细询问病情，根据每个患者具体情况详细问诊，这些都是医药人的敬业奉献。平凡的奉献者往往是铺路者、奠基人，同样可贵、光荣。

三、敬业奉献的基本要求

作为人民健康的守护者，医药从业人员要有对医药行业特殊性的充分理解和认识，在岗位上积极肯干，兢兢业业，发扬敬业奉献精神；要爱岗敬业、尽职尽责，要有投身医药事业的初心和使命感、责任感，勇于担当；要团结协作、凝心聚力，同事之间加强合作精神，齐心协力，相互支持，学会包容和尊重；以理想信念为指引，不忘初心，甘于奉献。

（一）爱岗敬业、尽职尽责

爱岗敬业指的是忠于职守的事业精神，这是职业道德的基础。爱岗就是热爱自己的工作岗位，热爱本职工作，敬业就是要用一种恭敬严肃的态度对待自己的工作。古语说得好："知之者不如好之者，好之者不如乐之者"，能热爱自己的工作，以极大的热情投入工作中，才能做到爱岗敬业。爱岗和敬业，互为前提，相互支持，相辅相成。"爱岗"是"敬业"的基石，"敬业"是"爱岗"的升华。

爱岗敬业、尽职尽责是一种普遍的奉献精神。一份职业，一个工作岗位，都是一个人赖以生存和发展的基础保障。同时，一个工作岗位的存在，往往也是人类社会存在和发展的需要。所以，爱岗敬业不仅是个人生存和发展的需要，也是社会存在和发展的需要。只有爱岗敬业的人，才会在自己的工作岗位上勤勤恳恳，不断地钻研学习，一丝不苟，精益求精，才有可能为社会为国家作出崇高而伟大的奉献。

因为爱岗敬业，才会尽职尽责。尽职，就是做好职责范围内应该做的事情；尽责，就是尽力承担责任，通俗地讲就是负责的意思。尽职尽责做好本职工作是自己的职责所在，也是实现自我、成就卓越的必经之路。比尔·盖茨在一所大学演讲时说："每天，都要尽心尽力地工作；每一件小事情，都要力争高效地完成。尝试着超越自己，努力做一些分外的事情，不是为了看到老板的笑脸，而是为了自身的不断进步"。他这段话讲述了一位成功人士的职业信条和经验总结。拥有一份工作，热爱这份工作，"在其位，谋其职"，不断地钻研学习，一丝不苟，精益求精，才能有所成就。奉献不是一句空话，也不是高不可攀的大话。奉献，就是从现在做起，从我做起，在各自的岗位上恪尽职守，兢兢业业。

（二）凝心聚力、团结协作

俗话说："三个臭皮匠赛过诸葛亮""众人拾柴火焰高"。团结协作是一切事业成功的基础，个人和集体只有依靠团结的力量，才能把个人的愿望和团队的目标结合起来，超越个体的局限，发挥集体的协作作用。一个缺乏合作精神的人，不仅事业上难有建树，很难适应时代发展的需要，也难在激烈的竞争中立于不败之地。

"蚁团效应""三个和尚"的经典故事都充分展示了 $1+1>2$ 团队精神的重要性。培养凝心聚力、提升团队协作能力应做到以下几点。

首先要建立和谐的信赖关系。团队成员如果连基本的信任都做不到，那么，团队协作就是一句空话，如果每个人能与团队成员在工作中以及工作之余形成和谐的信赖关系，团队成员相处的气氛才会融洽，这样就会有助于形成相互关心、相互理解的工作氛围和轻松愉悦的工作环境。这对于激发大家的工作热情，更好地发挥团队成员的聪明才智是非常重要的。工作时要理清工作思路，明确工作目标，完成工作任务。另外还要虚心向其他同事学习，相互信任，多交流，多协调，多沟通，互相帮助，共同提高，这样才能营造和谐、融洽的氛围，才能团结一致，共同把工作干好。

其次要相互包容，相互尊重。尊重没有高低之分、地位之差和资历之别，每一个个体由于性别、年龄、成长环境以及学历、经验等不同，在工作中表现出的能力都有一定的差异。三人行，必有我师。团队中每个人都有自己的优缺点，在工作中要善于发现别人的闪光点，取长补短，相互学习，这样才会不断提高团队的凝聚力。唐代药王孙思邈在《大医精诚》中强调"不得于性命之上，率而自逞俊快，邀射名誉，甚不仁矣"，对一些医家"炫耀声名，自矜己德"的做法提出批评。名医陈实功在《外科·医家五戒十要》中表示要尊重同道，书中写道："凡乡井同道之士，不可生轻侮傲慢之心，且要谦和谨慎，年尊者恭敬之，有学者师事之，骄傲者逊让之，不及者荐拔之，如此自无谤怨，信为贵也。"由此可见，历代儒医均认为医生之间应相互尊重，团结合作，尊重同道是为人处事的态度，也是一个人最基本的道德修养。作为医药人要始终把人民的健康放在首位，以仁爱之心，同道相重，谦和谨慎。

（三）不忘初心，甘于奉献

奉献本意为恭敬地交付、献出，现在主要是指为别人默默付出，心甘情愿，不图回报。古人历来提倡奉献精神，"大禹为治水三过家门而不入，愚公不畏艰险挖山不止"等传说激励了一代代人学习他们甘于奉献的精神。"人生自古谁无死，留取丹心照汗青""粉身碎骨全不怕，要留清白在人间""横眉冷对千夫指，俯首甘为孺子牛"等这些经典诗句，都充分表达了对无私奉献的赞美。

药品关乎人民的健康，作为医药人，更需要有不忘初心、甘于奉献的精神。医生入职宣誓誓言中写道："健康所系，性命相托，以患者为中心，练就精湛技能，让更多生命得到康健。"每一位医者都应怀揣一颗"为祖国医药卫生事业的发展和人类身心健康奋斗终生"的初心，将毕生心血奉献给祖国医疗事业。作为人民健康的守护者，应立志为祖国医药事业奉献自己的一份力量，要全力做到以下几点。

一是要坚定理想信念，立志奉献。理想是人生的奋斗目标，只有树立远大理想，才能指引自己勇敢前行，心甘情愿为事业付出，并在奉献中体会充实和快乐。有的人把工作当作谋生的手段，也有的人把工作当作一种负担，这样是无法做到为事业而爱岗，更谈不上无私奉献。周恩来总理少年时立志为中华之崛起而读书，将自己毕生的心血献给了党和人民。医药职业道德范畴中的理想主要指医药工作者对工作中获得成就的设想，表现为医药人员渴望通过医药实践活动实现自己的理想和抱负的心理和意识，由此为动力产生对医药事业的无限热爱和献身精神，它为医药工作者的实践活动提供了奋斗目标。一旦确立了职业理想，在实际工作中便有了奋斗的目标，也有助于医药工作者培育强烈的职业责任感。

二是立足岗位职责，践行奉献。医药行业涉及人民身体健康和生命安全，医药人不仅要具备扎实的医药知识和技能，在工作岗位上必须按照国家相应的法律、规范或要求进行严谨操作。药品生产过程中若工作人员不遵守岗位操作规程，不按要求投料，不按规定的工艺规程操作，检验人员若操作不严谨，把不符合质量标准的药品检验成合格，凡此种种情况，均有可能导致不合格药品流向市场，造成严重的后果。同样，如果医生误诊、护士给患者用药不合理、药师调剂药品出错等，不仅会给患者造成经济损失，同时也会延误病情的治疗，甚至出现不可挽回的不良事件。医药人要立足岗位职责，全心全意为人民服务，为治病救人、改善患者健康状况努力奉献。

▶ 拓展阅读

宫颈癌疫苗之父——周健

作为宫颈癌疫苗的发明者之一，中国科学家周健，即使已经去世多年，依然值得后人铭记。

2016 年 7 月 18 日，由葛兰素史克生产的希瑞适宫颈癌疫苗获批在中国上市，这是首类可以在我国销售的宫颈癌疫苗。在无数国人为这支迟到了十年的救命疫苗而感叹、唏嘘的同时，有一位中国科学家的名字也不断被提起，他叫周健。

十多年前，周健和澳大利亚科学家伊恩·弗雷泽（Ian Frazer）博士一起研发宫颈癌疫苗，但可惜的是，未能等到第一支疫苗问世，周健于 1999 年就因为积劳成疾突然去世。周健工作时的勤奋已经到了一种对自己"苛刻"的地步，为了做一个试验，他可以把自己关在实验室里十天不出门，只用方便面和白菜来填饱肚子。

"1999 年 2 月底，周健正没日没夜地赶他的科研基金申请，他说有点累，但怎么也想不到 3 月初回国后他就突然离开我们了。死亡证书上写着感染性休克，从此我们家的顶梁柱倒了……"时隔 17 年，周健的遗孀，也是曾经的科研助手孙小依在接受《第一财经日报》记者采访时依然难掩悲痛，"对不起，我不能再说了，因为我的心在流血。"

在国际上，周健和弗雷泽被认为是 HPV 疫苗的共同发明者，直到现在，HPV 疫苗专利上写的依然是周健和弗雷泽共同的名字。后来，他们为了获取研究经费而把部分专利权卖给了默沙东，之后才有了在 2006 年推出的首个 HPV 疫苗佳达修。

"周健是一位无私奉献、才华出众的科学家。他和 2006 年度荣获澳大利亚杰出人物称号的伊恩·弗雷泽教授一起，发明了世界上第一支预防宫颈癌的疫苗。感谢周健博士的研究成果，使全世界千百万妇女包括 200 万以上的澳大利亚妇女得以受益。"陆克文这样写道。

经过十年挣扎，宫颈癌疫苗终于获准在中国上市，对于周健和他的家人来说，多年的愿望终于达成。而我们，也应当铭记这位为了全世界妇女的健康苦心研究 20 载并作出了杰出贡献的中国科学家。

实训五　社会药房药学服务人员敬业情况调查

【实训目的】

1. 熟悉社会药房药学服务人员尽职履责情况。
2. 调查社会药房或社区卫生服务站药学服务人员敬业情况。

【实训准备】

1. 场所　社会药房或社区卫生服务站。

2. 材料　调查问卷。

【实训步骤】

1. 参考相关文献，设计调查问卷。问卷的内容包括药学服务人员到岗情况、对顾客服务态度情况、工作过程按岗位要求尽职情况、工作敬业情况、是否乐于奉献等方面内容。

2. 4～6 个同学为一组，分组到社会药房或社区卫生服务站通过问卷调查及访谈、角色扮演等方式进行药学服务人员敬业情况的调查。

3. 回收问卷后，经整理、分类、数据统计，完成调查报告。

4. 进行分组汇报，发现问题并提出解决方案。

【实训评价】

学生自评

评价内容	评分标准	得分
仪表仪态（10分）	仪表大方、谈吐自如、条理分明	
语言表达（5分）	声音清晰、言简意赅、突出重点	
现场互动（20分）	有感染力，现场互动良好	
时间把握（5分）	在规定时间内完成，时间分配合理	
逻辑清晰（40分）	调查报告的分析介绍是否准确、清楚；药学服务情况问卷设计是否准确、合理	
PPT 设计（10分）	图文并茂、布局合理	
团队合作（10分）	认真、细致、富有团队协作精神	
总分		

教师评价

评价内容	评分标准	得分
知识与技能评价（80分）	仪表大方、谈吐自如、条理分明	
	声音清晰、言简意赅、突出重点	
	有感染力，现场互动良好	
	在规定时间内完成，时间分配合理	
	调查报告的分析介绍是否准确、清楚；药学服务情况问卷设计是否准确、合理	
	图文并茂、布局合理	
素质评价（20分）	认真、细致、富有团队协作精神	
总分		

【实训思考】

1. 干扰药学服务人员敬业精神的因素有哪些？

2. 可以从哪些方面激励药物服务人员的敬业奉献精神？

本章小结

没有全民健康，就没有全面小康。近年来，国家越来越重视医药行业发展，不断出台一系列医改政策，使人民看得上病、看得起病。医药从业者要把以治病为中心转变为以人民健康为中心，努力全方位、全周期保障人民健康。医药行业关乎人民的健康，来不得丝毫马虎，医药人要立足本职工作，尽职尽责，诚信守法，爱岗敬业，甘于奉献，不断提升人民群众健康获得感。

习题

题库

一、选择题

1. 药品生产企业或药品经营企业繁荣发展的关键是 （ ）。

    A. 企业利润   B. 药品质量

    C. 扩大生产   D. 节能减排

2. 社会主义核心价值观包括 （ ）。

    A. 富强、民主、文明、和谐

    B. 自由、平等、公正、法治

    C. 爱国、敬业、诚信、友善

    D. 以上全是

3. 以下行为不符合医药职业道德要求的是 （ ）。

    A. 药师调剂药品要四查十对，按规程调剂药品

    B. 制剂生产过程中随意调整生产处方

    C. 药品经营者严格把关，按要求存放相关药品

    D. 医生仔细检查患者病情，对症下药

4. 药品经营企业必须实施的质量管理规范是 （ ）。

    A. GSP   B. GMP

    C. GCP   D. GAP

5. 最具有药品生产企业领域工作特色的职业道德要求是 （ ）。

    A. 团结协作，尊重同仁

    B. 指导用药，做好药学服务

    C. 合法采购，规范进药

    D. 质量第一，自觉遵守规范

6. 在药品零售过程中，最具特点的职业道德要求是 （ ）。

    A. 科学严谨，实事求是

    B. 保护环境，规范包装

    C. 指导用药，做好药学服务

    D. 团结协作，尊重同仁

7. 根据《执业药师职业道德准则》的要求，若在咨询中知晓本单位甲药师的处方调配存在不

当之处，执业药师应（　　）。

A. 药品已售出，应拒绝纠正，但可以为其提供其他更安全有效的药品

B. 应联系甲药师等待其本人回来予以纠正

C. 应积极提供咨询，并给予纠正

D. 为尊重同行，应告知患者等待甲药师上班时间再来咨询

E. 向患者说明甲药师的专业能力不足，借机宣传自己的专业能力

8. 某执业药师在执业过程中发现供货单位提供的降糖药质量可疑，根据执业药师的职业道德要求，对该批药品的最佳处理方式是（　　）。

A. 因为没有确认为假药可以继续使用

B. 要求供货单位尽快换货

C. 将余下的药品退回供货单位

D. 不能自行退、换货，应及时报告当地药品监督管理部门

E. 在退货的同时，报告当地药品监督管理部门

二、简答题

举例说明在今后工作中如何做到敬业奉献？

第六章　医疗实践中的道德要求

PPT

学习目标

知识目标

1. 掌握医疗实践中职业道德的含义与特点。

2. 熟悉医疗实践中职业道德原则。

3. 了解医疗实践中道德要求。

技能目标

1. 能根据临床医学道德正确处理医患关系、医际关系。

2. 能遵守公共卫生与预防医学道德要求，主动服务、甘于奉献、高度负责、团结协作。

3. 能根据护理职业道德要求，在工作中忠于职守、热情服务等。

4. 能根据医药科研的道德要求，实事求是、坚持真理、团结协作。

　　夫为医之法，不得多语调笑，谈谑喧哗，道说是非，议论人物，炫耀声名，訾毁诸医，自矜己德，偶然治差一病，则昂头戴面，而有自许之貌，谓天下无双，此医人之膏肓也。

——唐代医药学家孙思邈《千金要方》

第一节　临床医学道德

案例讨论

　　【案例】2020年初，新冠病毒疫情侵袭武汉。金银潭院长"渐冻症"患者张定宇带领全院600多名医护人员坚守在急难险重的救治岗位，夜以继日战斗在抗击疫情的最前沿；凭着多年在传染病领域的专业经验，张定宇立即组建隔离病区，率先采集患者支气管肺泡灌洗液样本开展病毒检测，为实验室确认病毒赢得了时间。

　　张定宇在疫情防控期间没有节假日、不分白天黑夜，每天往往凌晨2点刚躺下，4点就得爬起来协调、处理各种突发事件……疫情防控工作开展以来，张定宇带领金银潭医院干部职工共救治2800余名新冠肺炎患者，为打赢湖北保卫战、武汉保卫战作出重大贡献。

　　2020年8月11日，张定宇被授予"人民英雄"国家荣誉称号。

　　【讨论】根据张定宇院长的先进事迹，谈一下作为一名医疗工作者应该具有的职业道德？

　　临床医学是研究疾病的病因、诊断、治疗和预后，提高临床治疗水平，促进人体健康的一门非常复杂、非常严谨的科学。其旨在根据患者的临床表现，从整体出发研究疾病的病因、发病机理和病理过程，进而确定诊断，通过预防和治疗最大程度上减弱疾病、减轻患者痛苦、恢复患者健康、保护劳动力。本节讲述的临床医学指的是常见的临床各科室的医务人员通过复杂的医学活动，帮助患者治疗伤痛，以实现医学价值的过程，是医学服务于人类健康的集中体现。

一、含义与特点

（一）临床医学道德的含义

临床医学道德是指医务人员在临床诊疗实践活动中处理人际关系以及作出诊疗决策时所应遵循的道德原则与规范的总和。临床医学道德是医药职业道德的一般原则和具体要求在临床诊疗实践中的应用，是医务人员专业精神和道德素养的集中体现。

医务人员对患者的准确诊断和有效治疗，不仅与医务人员的技术水平有关，还与医务人员的医德素养有关。因此在诊疗工作中，医务人员不但要技术精湛，还要医德高尚。唯有技术和医德的高度统一，才能有效地减轻患者的痛苦和帮助患者早日康复。

（二）临床诊疗工作的特点

临床诊疗活动是医疗机构的主要活动，是医务人员工作的主要内容。临床诊疗工作具有以下几方面特点。

1. 诊疗技术具有两面性　诊疗技术是对患者生理活动和生命过程的一种外界干预。通常，这种干预的目的是减轻患者痛苦，恢复患者健康，但是这一过程有时也会因为干预本身的特殊性质而对患者的正常生理功能造成损害。因此，医学诊疗技术既有诊断、治疗疾病以减轻患者痛苦、帮助患者康复的正面作用，也具有可能会给患者健康带来损害，有时甚至是严重危害的负面作用。

2. 工作对象具有特殊性　人是社会生产力的创造者，是社会的基本组成元素，对社会具有根本价值。所以在临床诊疗工作中，应该受到无微不至的关爱和细心的呵护、准确的诊断和精心的治疗，只有这样才能体现对人的生命价值和尊严的肯定与尊重。但是受到疾病折磨的患者在心态上常常异于健康人，恐惧、焦虑常常写在他们的脸上，渴望生存、渴望健康、渴望救助是他们的共同心理需求，惧怕治疗痛苦、顾虑治疗费用、担心预后不良或出现后遗症又是他们共同的心理反应。所以诊疗工作对象的这种特殊性对诊疗工作提出了特殊的道德要求。

3. 患者需求存在多样性　生物医学模式下医务人员通常会认为患者的需求很简单，只要能让其身体康复即可，这种理解是很片面的。患者对健康的渴求的确是最重要的需要，因为这关系到患者的生存可能性和生理痛苦的解除。除此之外，患者同健康人一样，也需要享有作为人的尊严和权利，他们希望得到医务人员的尊重，不希望被人冷落，更不希望因为自己生病而受人嘲笑，甚至被人歧视。有些情况下，患者的心理极为敏感，医务人员无意说出的话，也可能被当作刻意的讽刺和嘲弄。此外，患者不希望自己的社会联系因为疾病而被中断，他们需要家人、同事、朋友和社会的支持与帮助，而且希望尽快恢复自己所扮演的社会角色。因此，患者作为具有生物、心理、社会属性的整体的人，其需求并不是单一的，而是多样的。

（三）临床医学道德的特点

1. 来源于长期的医学实践活动　医学道德是医务人员总结长期医学实践活动的经验与教训的集体智慧的成果，是在长期处理医患关系、医际关系的实践活动中的道德体验结晶。

在长期的医学实践活动中，医务人员在不断积累临床医学经验的同时，也会对如何处理医患关系和医际关系，满足患者心理需求、和谐医疗人际关系等有所体悟。同时，患者在求医问诊过程中，也会有意无意地向医务人员提出道德诉求。同行之间的沟通与交流也会对彼此的临床道德行为产生影响。所有这些都会引发和促进医务人员对临床诊疗医学道德行为的认知与觉悟。

2. 核心是医学专业精神 所谓医学专业精神，是指医学专业所应具有的、医务人员应努力践行的，把患者利益放在首位、坚持患者自主、公正等原则的专业意识。

医学之所以为仁爱之学，正是由于其专业精神的存在。专业精神是专业人员在专业的形成和发展过程中逐渐积累的一种对专业社会责任和行为规范的认识，是以专业为基础而形成的一种适应专业行为需要的意识、价值理念和行为规范，是专业存在和发展的本质特征，是维护专业的神圣性与崇高性的重要保障。专业精神的意义与重要性有四个方面：促进专业的稳定和发展；维护专业的纯洁性和崇高性；在专业目标和专业限度内调控专业的社会作用；监控背离专业目标和专业宗旨行为的发生。

3. 要义是对医患关系的协调 医疗人际关系中最主要的是医患关系。减轻患者痛苦、帮助患者康复乃是临床诊疗工作的主要任务，满足患者的健康需求是医务人员诊疗工作的天职。临床诊疗道德的要义就是协调医患关系，满足患者的正当利益。

在临床医学实践活动中，医疗人际关系包括医患关系、医务人员之间的关系、医务人员与医疗机构管理者之间的关系、医务人员与患者家属和单位代表等之间的关系等。但在所有这些关系中，最主要的医疗人际关系是医患关系。如何才能使医患关系协调呢？关键就是对患者正当利益需要的满足。从对临床诊疗工作特点的了解中知道患者的需要是多样的，减轻病痛折磨、恢复健康只是其中的生理需要。其心理需要和社会需要也是很丰富的。这就要求医务人员不仅应该在专业技术方面下功夫，还必须要丰富自己的人文知识，提高人文素养，增强尊重患者人格、权利和尊严的意识，时刻把患者看作具有多种属性的整体的人。

4. 重点是强调医务人员个体的自律 临床诊疗活动中，医务人员是医患关系的引导者、主动者，对医患关系的发展变化起决定性作用，因此临床诊疗道德的重点是强调医务人员个体的自律。

在临床诊疗活动中，因为医务人员是掌握医学专业知识的专家，而患者对医学知识一无所知或知之甚少，对医务人员具有很强的依赖性，因此医务人员在临床诊疗活动中处于主动地位，而患者则处于被动地位。鉴于这种不同的道德处境，在医患关系的发展、变化过程中，医务人员往往处于主导地位，因而对医患关系的状况负有主要责任；而患者受制于医务人员的行为，往往被动地作出行为选择，因此只对医患关系的状况负次要责任。因此，医务人员个体的道德自律对临床诊疗活动中医患关系的状况就具有了重要意义。

此外，临床诊疗活动中，医患关系往往只局限于医务人员个体和患者之间的人际交往关系，而并不涉及作为法人的医院与患者之间的关系，这也是临床医学道德把强调医务人员个体的自律看作重点的原因。

二、道德原则

(一) 患者第一原则

患者第一原则是指在临床诊疗工作中，医务人员在诊断手段选择和治疗方案决策时，要把患者的利益放在第一位。患者第一原则是医学专业精神的要义。在临床诊疗工作中，医务人员会面对各种利益诱惑，有的来自医疗机构为了获取市场利润而出台的各种奖励政策，有的来自医药厂商对医务人员提供的各种赞助，有的来自与患者立场不同的患者家属或关系人提供的各种好处，还有的则来自医务人员自身的科研利益。医学道德原则要求医务人员在诊疗活动中坚持医学专业精神，把患者的利益放在第一位。具体说来，在诊疗活动中，医务人员应该做到以下两个方面。

1. 知情同意 是指在诊疗活动中要求医务人员必须为患者提供详细的关于疾病诊断和治疗的各种信息，如疾病的性质、预后、可供选择的治疗手段与策略、治疗费用等。在提供各种信息的时候，医务人员应该尽量使用患者能够理解的日常生活语言，避免使用专业术语。同时，医务人员提供的信息应该尽量全面，而不能出于自身偏好，只选择性地提供那些自己擅长的或利于自身操作的信息。

诊疗活动中知情同意的必要性主要来自医患双方信息的不对称。经过若干年的专业培训并经过持续不断的进修学习，医务人员掌握着医学专业知识，相对于普通民众在行业内充当着专家角色，同时也相应获得了诊疗活动中的话语权。而由于社会分工以及受教育程度不同等原因，拥有与医学专家同等程度的医学知识对于一般社会人群来讲是不可能的。因此，如果要实现医患双方的平等对话，满足患者的健康权利需求，医务人员就必须坚持对患者的知情同意。

∞ 知识链接

信息不对称理论

信息不对称理论是由 1996 年诺贝尔经济学奖获得者詹姆斯·莫里斯（James Mirrlees）和威廉·维克瑞（William Vickery）提出来的。信息不对称指信息在相互对应的经济个体之间呈不均匀、不对称的分布状态，即有些人对关于某些事情的信息比另外一些人掌握得多一些。产生信息不对称性的原因，主要是人们的知识水平高低不同和分工与专业化。

在诊疗活动中坚持知情同意，意义在于消除医务人员因为享有独占信息而获得的谋取自身利益的机会，以满足患者的利益需求。

2. 患者自主 是指在诊疗活动中把诊疗措施的选择权利交给患者，由患者决定实施何种诊疗措施。患者自主的必要性来自于对人的主体性的尊重。德国哲学家康德说过"人应该被作为目的而不能仅仅被作为手段来对待。"每个人都有自身的幸福追求，都有实现自身幸福的权利，这种权利应该受到尊重。患者作为罹患疾病的社会个体，有康复的权利，并有按照自己的喜好、需要选择诊疗措施的权利。坚持患者自主正是对患者这种主体性的尊重。

坚持患者自主，要求医务人员不强迫患者使用任何患者所不同意使用的诊疗措施，即使在医务人员看来，这种诊疗措施对患者是最为有利的。坚持患者自主也并不意味着医务人员应该完全被动地等待患者的选择。鉴于医患双方信息的不对称，医务人员应该尽量多地向患者提供各种医疗信息，便于患者的选择。

（二）身心统一原则

身心统一原则是指在临床诊疗工作中，医务人员要把患者作为身心统一的整体来对待。这就要求医务人员在诊疗活动中，既要重视患者的躯体疾病，也要理解和关注患者的心理状态和社会环境，以整体的观点对待疾病和患者，防止局部的、片面的观点和做法。

生物医学模式注重从人体的局部、细节处寻找疾病的原因和治疗机制，由此往往忽视人的整体性。而人不但是具有生理结构的生物学机体，同时也是具有心理属性和社会属性的社会成员。生物－心理－社会医学模式认为，人体疾病不仅由生物学原因造成，还会由心理原因和社会原因导致。例如长期的心理压抑可能会导致消化功能和内分泌功能紊乱，而一些负面生活事件，如丧偶、失恋、失业、破产等也会成为某些疾病暴发的导火索。心理、社会因素的致病性已为现代医学研究所证实。就此，有专家说："人与任何其他动物不同，有高级神经活动，有思维能力，所以虽在生物学上说人是基本相同的，但实际上并不存在生物学上的人。"正是基于这样的事实，医学上才有"身心医学"这样一个概念，即心理状态影响到躯体，影响生理和病理的改变。患者对医生、对治疗措施的信任程度可能影响到治疗效果，这是客观存在的，同样的药物来自很信任的医生和信任程度差的医生，服用之后出现疗效上的差异并不罕见。

遵循身心统一原则，要求医务人员在诊疗活动中不能仅仅注意对患者生理性疾病的治疗，还要注意对患者心理、情绪状态以及生活状况加以关注。同时在诊疗活动中，医务人员也要注意不可因自身行为给患者心理造成负面影响，而这往往是医务人员所经常忽视的。专家就此提醒说："许多医生都往往忽视这样一个事实，即在医生观察患者的同时，患者也在观察医生，注意医生的言谈，形成对于医生的印象。患者对医生的信任就是在这种观察和交谈的过程中获得的。医生的一言一行无不影响患者，在某种情况下就可能影响治疗效果。"作为医务人员，只有医学知识是不够的，还需要学习心理学、社会学等多方面的知识，学习疾病的心理、社会分析方法。总之，医务人员只有具备深厚的同情心、悲悯心和高尚的职业道德情操，加上精湛的诊疗技术，才能有效地促进患者的身心整体康复，才能最大限度上杜绝诊疗过程医源性疾病的发生。

（三）最优化原则

最优化原则是指在临床诊疗工作中，医务人员在选择诊疗方案时，要力求选择那些受益与代价之比最高，即能取得最佳效果的诊疗方案。所谓最佳诊疗方案，至少应该坚持以下四个标准。

1. 疗效最佳　就是要求医务人员采用已经发展成熟并被熟练掌握的医学手段，认真实施对患者的诊疗，力争达到在当前医学水平下对特定患者来说最好的治疗结果。什么是最佳疗效，往往需要根据当时的医学发展水平进行评价。

一般来说，对于疾病的治疗，康复是最好的结果，但并不是对所有疾病的治疗都能够达到康复的效果。因为是否能够康复不仅取决于医务人员自身的医学技术水平，还取决于疾病的性质与复杂程度，更重要的是当前医学发展阶段在治疗此种疾病方面的技术水平。因此，对有的疾病来说，最大限度地缓解症状可能就是最佳效果，甚至稳定病情使其不再发展，有时也是最好的结果。

2. 安全无害　就是要求医务人员在诊疗活动中尽量选择那些对患者没有负面作用的诊疗手段。安全无害的要求通常是原则性的，因为在医学活动中，负面作用是经常发生的，所谓"是药三分毒"，有时，这种负面作用作为一种"必要的恶"无法避免，如恶性肿瘤治疗中的放、化疗即是。但尽管如此，医务人员还是应该对诊疗方案进行全面评估，力求选择那些没有负面作用或负面作用最小的方案。在负面作用难以避免的情况下，应该努力降低诊疗手段负面作用对患者的伤害。

3. 痛苦最小　就是要求医务人员在诊疗活动中尽量降低诊疗手段给患者带来的疼痛、不适、不便等负面感觉，尽量减轻诊疗手段给患者带来的伤害。

随着医学的发展，越来越多的现代高新技术成就进入医学领域，极大地丰富了诊疗手段的选择，为诊断疾病提供了更为翔实和确定的信息。在治疗领域也同样如此，治疗手段日益向着高、精、尖的方向发展，但是，高新技术在给诊断疾病提供更为确定的信息、为治疗疾病提供更为有效的手段的同时，有的技术手段也存在难以避免的负面作用，会给患者带来不适乃至对健康的伤害。比如内镜检查会给患者带来恶心等不适感觉，放射线治疗和化学药物治疗在杀死恶性肿瘤细胞的同时，也会带来脱发、恶心、食欲缺乏等负面作用，直接对人体健康构成威胁。医务人员应在确保诊疗效果的前提下，选择对健康威胁少、痛苦小的诊疗手段。

4. 耗费最少　就是要求医务人员在保证诊疗效果的前提下，尽量降低患者的医疗费用。在当代医学发展所面临的诸多问题中，医疗费用不断上涨是最为严重的问题之一。这也造成了世界各国医疗卫生资源的紧缺。医疗费用上涨的原因很多，其中一个重要的原因是新的、更加昂贵的药物和诊疗器械不断进入临床应用。而部分所谓新药物，不过是药品生产厂商和经销商为获得了巨额利润在现有的药物基础上经过微不足道的成分增减后改变名称和包装的结果。因此临床医学的道德原则要求医生应慎重选用新药物和新技术，以免给患者造成沉重的经济负担。德国医生胡弗兰德说："应尽可能地减少患者的医疗费用。当你挽救他生命的同时，而又拿走了他维持生活的费用，那还有何益？"陈实功甚至主张："遇贫难者，当量力微赠，方为仁术，不然有药而无伙食者，命亦难保也。"

（四）协同一致原则

协同一致原则是指在诊疗工作中，医务人员之间、各专业科室之间要通力协作，密切配合，步调一致，共同做好对患者的诊断和治疗工作，努力促进患者的康复。要做到协同一致，应该至少在以下两方面下足功夫。

1. 及时　就是要求医务人员力争尽快地对疾病作出诊断，主动迅速地作出治疗，并认真适时地对患者的要求和疾病变化作出反应。

对患者来说，早发现、早诊断、早治疗，具有挽回生命的重要意义。因此，要做到诊疗工作的及时，医务人员就必须树立"时间就是生命"的诊疗观念，在诊疗工作中认真地了解和分析每个患者的症状和体征，遵照循证医学的基本原则，尽快采取相应的医疗措施。

医务人员要做到及时，仅仅"有时间就是生命"的观念是不够的，必须在行动上处处按照这种观念行事，如在诊疗决策和具体操作中作到迅速快捷等。因为许多疾病的发生和变化具有突发性特点，因此医务人员要做到及时，就必须做好诊疗的准备工作，具体说来，要做到"四勤"：眼勤，不漏过一个症状和体征；嘴勤，多向患者了解病情；手勤，多为患者提供服务和帮助；腿勤，多深入接触、观察患者的各种情况。

除了做好准备工作外，医务人员还要做好随时应付突发事件的准备，以免患者病情突变时贻误抢救时机。此外，鉴于当代医学细致的分科和分工，各医疗专业科室之间、医务人员之间的紧密配合和通力协作十分重要。

2. 准确　就是要求医务人员积极充分地利用现实条件，严肃认真地作出符合病情实际的判断。在诊疗过程中，准确的诊断是治疗的前提。先进的诊断仪器及生化检验技术的运用对于提高诊断的准确程度有很大帮助。但是考虑到诊疗的实际意义在于恢复患者健康，因此应该恰当地认识和运用先进的诊断仪器和生化检验技术。准确的要求并不意味着在任何情况下一味地追求诊断的准确，而是应该树立以下三个观念。

（1）树立为治疗服务的诊断目的　准确的诊断是手段，而不是目的。临床工作一般情况下都是先诊断，后治疗，但有时患者病情的变化瞬息万变，难以预料，一些非常见病、疑难病一时半会很难查清，往往采取边诊断、边治疗的做法，以免导致病情发展，贻误抢救时机。所以，如果偏离了为治疗服务的目的，单纯追求诊断的精确度，可能会出现患者受了罪、花了钱、查清了病，却失掉了治疗机会的情况。

（2）恰当、充分地利用现实条件　一般来说，诊断病情应从询问病史、物理检查、三大常规化验这些最基本的诊断方法入手。先进的诊断仪器和生化检验技术虽然能够为诊断提供更多信息，但是往往也有费用高、痛苦大等缺点。因此，医务人员在治疗工作中，既不可盲目地做"撒网式"检查，也不可简单地囿于偏狭范围，而应根据患者病情，结合患者对诊断方法的耐受程度、经济状况等，综合考虑，慎重选择。

（3）严肃认真地作出诊断结论　诊断结论关系着治疗方案的选择，最终关系着患者能否及时恢复健康。错误的诊断结论不但可能导致误治，而且可能导致贻误治疗时机从而威胁患者生命。因此，作出诊断结论时一定要严肃认真，不能漫不经心、敷衍了事，或者不顾客观实际而主观臆断。

三、道德要求

临床诊断是医生通过采集病史、体格检查以及各种辅助检查措施收集患者的病情资料，并借助病情学、体征学等的知识进行分析和归纳，进而判断疾病本质的过程。诊断是认识疾病的过程，是整个临床工作的基础环节。

（一）问诊的道德要求

问诊，即询问病史，就是医生通过与患者、家属或有关人员的交谈，了解疾病的发生和发展过程、治疗情况以及患者既往的健康状况等，也是获得患者病情资料的首要环节和疾病诊断的主要依据之一。问诊的重要性在于其关系到是否可以获得齐全、可靠的病史，并关系到下一步的检查、诊断、治疗和护理。问诊应该遵循以下道德要求。

1. 仪表端庄，态度认真　在整个诊疗过程中，问诊是医生和患者的首次接触，也是比较正式的会面，是医患交流和医患关系建立的开始。双方都会给对方留下"第一印象"。而第一印象对双方以后的交流及诊疗效果都会产生重要影响。根据心身医学的理论，医生留给患者的"第一印象"将会在相当程度上影响患者的求医和尊医心理。患者倾向于信任那些仪表端庄、态度认真、看起来有修养的医生，而对那些不注重仪表、行为随便、态度不认真的医生则表现出不信任的倾向。孙思邈在《大医精诚》中就要求医生"澄神内视，望之俨然，宽裕汪汪，不皎不昧"，可见医生注重仪表有着久远的文化传统。

2. 说话和蔼，语言通俗　问诊要通过语言来进行医患之间的情感交流和信息沟通。医生态度和蔼、语音温柔会自然拉近与患者的距离，可以使患者受到鼓励，从而易于更多地讲出自己的切身感受及病因缘由，帮助医生掌握更多的疾病信息。医生应该注意使用通俗语言来与患者交流，尽量避免使用专业术语。如果非要使用专业术语，医生也应该尽量对术语作出通俗解释，并注意询问患者是否能够理解。总之，说话和蔼、语言通俗是医患之间沟通无障碍的重要保证。

3. 耐心倾听，恰当引导　患者因为文化程度的原因，对病情的表述可能会是清晰的，也可能是模糊的；有的患者可能善于表达，能够理性地讲明自己病情的真实表现，而有的患者可能只是在表达自己的心理感受而不是症状。但无论如何，医生必须善于倾听，耐心倾听，以便使患者受到鼓励，毫无保留地说出病情。不耐烦的表情或话语可能会增加患者的顾虑。当然，由于医生时间的宝贵，也不能随患者所好，任患者的讲话漫无边际，而是要根据诊断需要，恰当引导患者的谈话，使其尽量表述与病情的发生、发展、现状等有关的信息，以帮助医生获得有价值的诊断信息。

▶ **拓展阅读**

日内瓦宣言

我以阿波罗及诸神的名义宣誓："我要恪守誓约，矢忠不渝。对传授我医术的老师，我要像父母一样敬重。对我的儿子、老师的儿子以及我的门徒，我要悉心传授医学知识。我要竭尽全力，采取我认为有利于患者的医疗措施，不给患者带来痛苦与危害。我不把毒药给任何人，也决不授意别人使用它。我要清清白白地行医和生活。无论进入谁家，只是为了治病，不为所欲为，不接受贿赂，不勾引异性。对看到或听到不应外传的私生活，我决不泄露。如果我违反了上述誓言，请神给我以相应的处罚。"

准许我进入医业时：

我郑重地保证自己要奉献一切为人类服务。

我将要给我的师长应有的崇敬及感激；

我将要凭我的良心和尊严从事医业；

患者的健康应为我的首要的顾念；

我将要尊重所寄托给我的秘密；

我将尽我的力量维护医业的荣誉和高尚的传统；

我的同业应视为我的手足；

我将不容许有任何宗教，国籍，种族，政见或地位的考虑介于我的职责和患者间；

我将要尽可能地维护人的生命，自从受胎时起；

即使在威胁之下，我将不运用我的医学知识去违反人道。

我郑重地，自主地并且以我的人格宣誓以上的约定。

（二）体格检查的道德要求

体格检查是指医生运用自己的感官和简便的诊断工具，对患者的身体状况进行检查的方法。中西医体格检查略有不同。中医体格检查主要通过望诊、闻诊、问诊、切诊，而西医则通过视诊、触诊、叩诊、听诊、嗅诊等。这些方法都比较简便、经济，是确诊的重要手段。体格检查应该遵循以下道德要求。

1. 知情同意，患者自主 在体格检查中，医生要接触患者的身体。这不仅会引起不舒适的感觉，而且在面对异性患者时，还会涉及性别隐私、个人尊严等问题。因此，医生在决定使用体格检查措施时，应该明确告知患者这样做的理由和必要性，争取患者的同意。这是对患者自主性的尊重。如果患者不同意，医生不得强行进行体格检查。

2. 力求舒适，减少痛苦 体格检查会接触患者身体，特别是西医的触诊、叩诊、听诊，可能会给患者带来身体的不适。某些疾病本身不会有太多不适，而触诊和叩诊则会使患者明显感到不舒服，而医生正是通过患者在触、叩时的不适来获得诊断证据的。由此看来，体格检查带给患者的身体不适是难以避免的。尽管如此，医生还是应该尽量减轻患者的这种不适，减少患者因体格检查导致的痛苦。比如，冬天里医生把听诊器放在怀里捂热以后再塞到幼儿的胸部这样一个行为，常常被看作是医生高尚职业道德的典型表现。

3. 坦荡无私，尊重患者 体格检查中，医生有机会接触到患者的身体。身体涉及一个人的人格和尊严，不容侵犯。而医生拥有这种职业便利，完全是因为医生被看作治病救人的"白衣天使"而得到患者及其家属的信任。医生不应辜负患者的这种信任，应该完全本着治病救人的目的，祛除任何个人欲望和不当目的，一心为患者着想，心底坦荡无私，集中精力于患者的病情，作出正确的诊断结论。这也是对患者的人格和尊严的尊重。在这方面，许多名医都做过经典论述，如《希波克拉底誓言》中就有"不论进何人家，我皆维护患者的利益，戒绝随心所欲的行为和贿赂；我断然拒绝，从男方或女方，自由民或奴隶那里来的诱惑。"

4. 维护尊严，注意避嫌 医生为异性患者查体时，要注意采取有效的隔离措施，保持检查空间的私密性，维护患者的尊严。同时，医生还应注意避嫌。这包括两个方面，一是应该完全根据诊断需要来检查身体，不可以随意扩大检查部位；二是在男性医生为女性患者做检查时，当涉及身体特殊部位检查时，在保持检查空间私密性的同时，还应有患者家属或其他护士、女性医生在场，以防止发生不必要的误解。

（三）辅助检查的道德要求

辅助检查包括实验室检查和特殊检查，是借助于化学试剂、仪器设备及生物技术对疾病进行检查和辅助诊断的方法。辅助检查能够提供更详细的疾病信息，对明晰的诊断具有重要意义，但是也应该正确看待辅助检查手段的使用。因为辅助检查手段一般比较昂贵，会使诊疗费用急剧上升，从而增加患者经济负担，同时也会减少医患之间的情感、思想交流，造成医患关系的物化现象。辅助检查应该遵循以下道德要求。

1. 恰当选择，知情同意 辅助检查措施会增加患者的经济负担，而且有些检查措施会让患者感到躯体不适，因此医生在决定使用辅助检查措施的时候，应该充分考虑辅助检查可能会使患者承受的各种代价。恰当选择是指医生应该只选择对诊断病情有必要性的辅助检查项目，而不能做撒网式检查。当然，确实有必要的项目，也不能有意不使用。

由于辅助检查可能会增加患者的经济负担和躯体不适，因此医生在选择使用辅助检查措施时，一定要通过对患者的知情同意程序，允许患者自主决定是否使用这种检查措施。对必要的辅助检查项目，若遭到患者的拒绝，医生不可强行使用，要做好解释、劝导工作。医生不可以仅仅为了增加医院经营收入而随意增加检查项目。

2. 爱护患者，减轻痛苦 辅助检查项目通常会使患者感到不适，某些项目会让患者感到难以忍受，如内镜检查。医务人员应该尽量做到操作轻柔，谨慎处置，并要做好安全保护，不能让患者在遭受病痛折磨的同时，再遭受医疗器械的折磨。尽量减轻辅助检查中患者的痛苦，也是不伤害原则的要求。

3. 维护尊严，注意避嫌 某些辅助检查项目要在特殊的环境中进行，这对医务人员的医德品质提出了特殊要求，尤其是对异性患者的检查。医务人员应该自尊自爱，严格按照操作规程进行检查，不随意增加检查项目和扩大检查范围。为异性患者检查，要有患者家属或其他医生、护士在场陪同。

（四）药物治疗的道德要求

药物治疗，是指医务人员应用天然产物或者化学或生物制剂帮助患者缓解症状、祛除病痛、恢复健康的治疗方法。药物治疗是最古老、最悠久、使用最广泛的治疗方法。一般来说，药物治疗具有双重效应，即药物既具有治疗作用，同时也会有程度不同的副作用，因此医务人员应谨慎使用。药物治疗的道德要求如下。

1. 对症下药，合理配伍　对症下药是指医生根据临床诊断选择相适应的药物进行治疗，避免药物带来的负面作用。合理配伍是指在联合用药时，要注意不能违反配伍禁忌，以防止出现药物之间的拮抗作用而给患者带来危害。古人对药物的双重效应已经认识得很清楚，认为"是药三分毒"，所以"用药如用刑，用药如用兵"，药物用不好就无异于杀人。因此，对症下药，合理配伍，不仅是取得疗效的前提条件，还是对患者生命的重要保证。

2. 节约费用，减轻负担　医务人员在开具处方的时候，要充分考虑到药物治疗可能给患者带来的经济负担，尽量使用常用药、国产药，尽量不用贵重药、进口药。能够少用药解决问题的，绝不多用药，尽量不开大处方，更不能开人情方、搭车药。

3. 试验用药，谨慎使用　在某些疾病尚无有效药物的情况下，医生在不得已的情况下要使用一些尚未完全掌握其性能的药物时必须十分谨慎，要密切注意患者用药后的反应，严格防止意外的发生。使用试验药物，确保患者安全是第一位的。如果此种药物属于临床试验药品，除了谨慎用药并采取严密保护措施外，医生还须征得患者或其代理人或监护人的知情同意。

4. 毒麻药品，管理要严　对于毒麻药品的使用，必须严格掌握适应证，不得已时才使用。医务人员应该熟悉我国的《麻醉药品管理条例》《医疗用毒药、限制性剧毒药管理规定》等法律规定并严格遵守。除了出于正当治疗目的，不得随意使用此类药品。在毒麻药品的使用中，医务人员应该严密观察，防止患者出现依赖成瘾的后果（晚期绝症患者除外），同时，对医疗机构内的毒麻药品要严格管理，防止流入社会，造成医源性成瘾或医源性疾病，危害社会。

（五）手术治疗的道德要求

手术治疗是以刀、剪、针等器械在人体局部进行操作，以帮助患者缓解症状、祛除病痛、恢复健康的治疗方法。手术通常属于治疗方法，但有时也用于诊断目的。手术一般以对机体的损伤为前提，具有一定的风险性。但是手术往往又具有见效快、不易复发的特点，因此为临床医学的常用治疗方法。手术治疗的道德要求如下。

1. 慎重确定手术　由于手术治疗所特有的机体损伤性和风险性特征，医务人员在确定使用手术治疗时一定要慎重。

一方面，医务人员要全面权衡各种可能的治疗方案，认真比较手术与非手术治疗的代价与收益，考察手术治疗的好处是否的确大于非手术治疗。所谓治疗的代价，既包括患者可能承受的经济负担，也包括患者因治疗所可能受到的身体创伤以及所承受的肉体和精神痛苦。所谓治疗的收益，主要指患者寿命延长的程度、身体康复和功能恢复的情况、生命质量状况、患者对治疗结果的满意度等。

另一方面，要征得患者的知情同意。确定使用手术治疗，必须得到患者及家属的真正理解和承诺，即知情同意，才是合乎医德要求的。但手术治疗要得到患者和家属的知情同意，需要医务人员做很多工作，包括客观的解释，并认真签订知情同意书。

2. 术前认真准备　术前认真准备既是整个手术治疗的有机组成部分，也是手术取得成功的重要前提基础。所谓预则立，不预则废。术前认真准备包括认真制订手术方案，帮助患者做好准备以及认真准备手术用品。

3. 术中严格操作　手术中医务人员要排除杂念，专心致志于手术的操作，所有参加手术的医务人员都要以患者的安危为重，不可计较名利得失，互相支持，团结协作，确保手术顺利进行。当遇到手术意外时，要按照手术方案中既定的对策，沉着、冷静、果断、及时地进行处理。

4. 术后严密观察　术后患者身体虚弱，病情变化快，因此严密的术后观察对于预防术后并发症和术后康复至关重要。

（六）心理治疗的道德要求

心理治疗又称精神治疗，是医务人员应用心理学的理论、技术和方法来改善患者的心理状态或者矫正其行为的一种治疗方法。目前，心理治疗不仅是治疗心理性疾病的主要方法，也是整体医学中的一种重要治疗方法。心理治疗的道德要求如下。

1. 博学多识，诚意助患　心理治疗并非通常人们所理解的思想工作，而是有着独特、完整、严密知识体系科学。并非每个人都能做心理治疗工作，只有那些受过严格科学训练和临床培训的专业人员才可以胜任。即使取得了心理治疗医师的资格，医务人员也仍然要不断学习，努力提高自己的专业造诣，以便能够更好地帮助患者。只有学识渊博，经验丰富，才是称职的心理治疗医师。

寻求心理治疗的患者往往深陷心理痛苦与折磨之中，难以自拔。心理痛苦与折磨对患者的戕害有时比肉体痛苦与折磨更甚，医务人员要对患者抱有深深的同情心理，诚心诚意地帮助患者摆脱痛苦，而不可随意戏谑、取笑患者的症状或痛苦。医务人员要耐心听取患者倾诉，帮助其找到症结所在，并通过特定的心理治疗方法改变其心理处境，恢复其正常心理状态，从而达到治疗目的。

2. 涵养自身，精心治疗　在心理治疗工作中，医务人员自身的心理状况对治疗会有相当影响。心理治疗医师应该有健康的心态和愉快、稳定的情绪以及正确的价值观、积极的人生态度和良好的生活信念。如果医务人员自身心理状况不佳，不但不能对患者心理疾病起到治疗作用，而且自身错误的价值观、不良的生活信念、消极的人生态度等还会对患者造成负面影响，以至于会导致患者的病情恶化。此外，长期的心理治疗工作也会对医务人员的正常心理造成影响，需要医务人员自身通过各种方式加以排遣和修正。因此，医务人员需要在工作之余努力涵养自身，力争保持良好的心理状态。

3. 维护患者，保守隐私　心理疾病往往是患者的难言之隐，特别是在中国，许多人不能明确区分心理疾病与精神疾病的区别，看心理医师的人往往被误解为有精神性疾病。因此看心理医师的患者往往有诸多顾虑，许多患者甚至不愿意让自己的配偶和父母知晓。因此，心理医师必须恪守职业道德，严守秘密，切实保护患者隐私，这是对患者切身利益的保护。

第二节　公共卫生与预防医学道德

案例讨论

【案例】埃博拉（Ebola virus）又译作伊波拉病毒。是一种十分罕见的病毒，1976年在苏丹南部和刚果（金）（旧称扎伊尔）的埃博拉河地区发现它的存在后，引起医学界的广泛关注和重视，"埃博拉"由此而得名。

它是一种能引起人类和其他灵长类动物产生埃博拉出血热的烈性传染病病毒，其引起的埃博拉出血热（EBHF）是当今世界上最致命的病毒性出血热，感染者症状与同为纤维病毒科的马尔堡病毒极为相似，包括恶心、呕吐、腹泻、肤色改变、全身酸痛、体内出血、体外出血、发烧等。死亡率在50%至90%不等，致死原因主要为脑卒中、心肌梗死、低血容量休克或多发性器官衰竭。

2020年6月1日，刚果（金）卫生部长宣布：该国西北地区，再次暴发新一轮埃博拉疫情。这是自1976年以来，刚果（金）第11次暴发这种病毒了。

【讨论】结合自己的理解，谈谈为什么埃博拉病毒总在非洲暴发？

一、公共卫生的道德要求

（一）公共卫生的含义

1988年，美国医学研究所在其研究报告《公共卫生的未来》中提出公共卫生（public health）的定义，即"通过保障人人健康的环境来满足社会的利益"。2001年出版的《哥伦比亚百科全书》将公共卫生界定为："公共卫生是由政府机构提供的，旨在预防疾病，提高公民身体健康的医药保健领域的公共服务。"从对公共卫生的定义中可以归纳出，公共卫生服务的最终目标是保障全体公民的健康，特别是延长期望寿命。相关研究证明，公共卫生在20世纪为各国人民的延年益寿作出了举足轻重的贡献。

公共卫生的产生即在于对健康环境的关注。1853年，英国3个城市死于霍乱的就高达10675人。1854年，伦敦一条街附近曾经出现两周内死500多人的悲剧。公共卫生产业出现之前，人们对此只能消极地躲避和无奈地接受。直到公共卫生及其传染病控制、检疫、免疫接种、安全用水和污物处理等技术的出现，城市才首次在历史上成为比农村更健康的居住地，发达国家工业革命后的人口城市化才变成现实。

今天，在经济全球化的背景下，人员交流频繁，发达的交通可以在24小时之内将疾病带到世界的任何人口密集地，使传染病的快速流行成为现实。维护全球健康环境成为公共卫生事业刻不容缓的责任。

根据公共产品理论，公共卫生属于公共产品范畴。公共卫生的实质在于它的"公共性"，由此决定了居民享有公共卫生服务的"公共性"是其重要的核心价值。2008年，世界卫生组织发布报告《用一代人时间弥合差距：针对健康的社会决定因素采取行动以实现健康公平》，指出健康不公平深受政治、社会和经济因素影响。例如，人均期望寿命在不同国家之间存在较大差异。在一国之内，不同的社会地位也会在很大程度上影响人们的健康状况。这些健康不公平现象与人们所处的社会环境和医疗制度密不可分，社会环境又深受政治、经济等因素影响。由此，报告明确声明"缓解健康不公平现象是当务之急和一项道德义务"。具体而言,是要通过制定和实施有利于人民健康的基本公共卫生服务政策,使有限的卫生资源得到充分利用,促进人类健康发展,保障人类健康安全,缩小健康差距,消除健康贫穷。

(二)公共卫生的道德原则

1. 效用原则 效用或称效果,是指人的一个特定行动带给人类的后果,包括"正效用"和"负效用"两方面。采取某种公共卫生政策,其效用的判断是衡量该政策给目标人群或全社会成员带来促进健康、预防疾病和伤害的好处,以及可能给相关人员带来的风险、负担及其他权利和利益方面的负面影响。因此效用原则是指全面评价行动的正面与负面后果,分析所谓的风险–受益比,以其比值的高低评价某个公共卫生行动的效用。这种分析对于是否实施某个方案或有可供选择的多种方案时尤其重要。

一项公共卫生行动,有时候不可避免地会牺牲某些个体的部分权益。但恰当的公共卫生行动,一定是社会净受益的最大化,此时并不能简单地对个人利益和负担进行加减。例如对传染病患者的隔离,肯定会使当事人的某些权益受限制甚至受到损害,但社会整体却从中受益。不过效用原则也要求在能够得到最大可能的受益的同时,实现最小可能的伤害,从另一方面扩大行动的净受益。换言之,不应为获得最大的健康受益的结果而任意、没有必要地伤害特定个体的利益。只有在损害特定对象利益不可避免时,采取措施使必要的损害最小化、整个人群的受益最大化,此时效用原则才能获得伦理学辩护。例如被隔离的传染病患者应得到充分的生活方便和医学照顾,有时还必须给予经济补偿。

在有多种公共卫生行动选项时,效用原则是左右决定的关键性准则。如果某个行动选项符合所有其他伦理原则,但效用较差,就应该放弃。效用原则第一位是公共卫生伦理学的一个特点。

2. 公正原则 为了约束效用原则的负面效应,还应坚持公正原则,以纠正追求效用最大化行动所导致的不公正现象。公正原则要求在同一个社会,所有成员都有均等的机会获得相同的公共卫生资源,或者是按照某种相对公平次序分配资源。该原则主要是针对由于经济、阶层、种族、文化、宗教信仰等社会因素,造成的资源、风险、负担、受益等分配不公正的社会现实。公正原则一般包括以下几个方面的内容。

(1)分配公正 即在所有社会成员之间公平、公正地分配资源、受益和负担。包括形式公正和实质公正两个方面。形式公正即一视同仁,是一种形式上的平等。例如在呼吸道传染病流行期间,口罩成了必不可少的防护用品,当口罩生产出来后,所有社会成员均应有机会购买。口罩的生产者、分配者、销售者不应因有直接接触机会获得优先购买的权力。实质公正则规定了可用来作为分配资源、受益和负担所依据的标准。例如为了整个社会在甲型流感流行期能获得良好的医疗服务,医务人员在疫苗有限时接种次序优先;当疫苗充足时,医务人员接种时间优先。

(2)程序公正 即确保所实施的公共卫生行动过程的公正性。实现程序公正的基本要求主要有:公共卫生信息保持公开与透明,公共卫生行动政策与决策公开,每一个利益攸关方与公众有机会参与等。程序公正可以保证公共卫生行动代表不同群体的利益,而且能够反映少数人的观点和利益诉求。

(3)回报公正 即对于在公共卫生行动中作出贡献的人,社会应予以适当的回报;反之,导致公众健康严重损害者,则应受到相应的处罚。回报公正是社会有效运转的控制机制。其方式有经济、精神或两者共用等。

3. 尊重原则 是公共卫生领域最基本和最重要的道德原则。其核心是要求尊重每一个人的自主性、自我决定权、隐私权。其要点有两个方面:一是以人为本,人本身是公共卫生活动的目的,而不能成为实现公共卫生目的的工具;二是成年人拥有自我决定和处理个人事务的权力,个人选择不应受他人操控；若遇到未成年人或其他特殊情况，应由法律规定的代理人代为处理。

在公共卫生道德规范中，尊重原则是另一约束效用原则负面效应的机制。追求公共卫生行动效用最大化，有可能导致对少数人的不尊重，甚至侵犯部分个体权益。其逻辑前提是公共卫生致力于保护公众的健康，而公众虽然是个体的集合，但公众与个体间的权益有时会有冲突。例如某些公共卫生行动，可能不可避免地会限制个体自由或者侵犯个体隐私权，此时尊重原则就起"刹车"的作用，在保护个人权益与保护公众权益之间寻求一个恰当的平衡点。

总之，每一次公共卫生行动都必须在涉及的个体权益和公众权益之间进行权衡、取舍。在伦理上，允许为了公众利益在一定程度上侵犯个体权益，其前提是必须采取的公共卫生行动有效且侵犯不可避免、可允许与合理，同时尽可能确保侵犯的性质最轻、程度最小、时间最短。

4. 互助原则 是与尊重原则相对应、对公共卫生行动涉及的社会成员的行为原则要求。在实施公共卫生行动时，公共卫生机构和工作人员一定会多多少少地影响或侵犯个体权益。但作为社会成员的个体则应理解公共卫生行动对个体、群体及全社会健康的重要意义，以积极合作的态度参与公共卫生行动的实施。另外，当个体行为影响他人或群体健康时，应依据公共卫生知识，主动自我约束，并采取有效的预防措施，控制带给他人和社会的负面后果。互助原则强调社会成员在公共卫生工作中的主动性以及应承担的社会义务。

互助原则是个人与社会复杂关系的体现。互助原则强调个人权益的保障不能离开他所在的社会自发地实现。每个个体来到这个世界之前，已经有一个先于他的社会存在。人不是孤立的存在，而是在一种人与人之间权利与义务的关系网络中的存在。人类社会就是以人与人之间互助合作的方式中逐渐发展成熟起来的。因此，没有相互帮助就没有公共卫生事业。个人不仅要追求自己的公共卫生权益，还应该维护他人同样的权益。

从公共卫生活动的目的看，个人乃至群体是否健康，在一定程度上取决于社会环境，包括其他人的行为等复杂因素。现代社会的重要特点是个体、民族、国家之间的联系已经变得日益紧密。公共卫生问题的解决，必须由政府、民族、地区、社群、个体密切合作，才能真正实现。可见，公共卫生与每个人密切相关，互助原则强调了所有社会成员促进公共健康的共同责任。

二、预防医学的道德要求

（一）预防医学的含义

预防医学是以人群为主要研究对象，以环境－人群－健康为模式，以"预防为主"的观念为指导方针，运用生物医学、环境医学和社会医学等理论和方法，探讨疾病在人群中发生、发展和转归的特点，以及自然因素和社会因素对人群疾病和健康的影响规律，从而制定群体防治策略和公共卫生措施，并在实践中不断完善，以达到预防疾病、促进健康和提高生活质量为目的的学科。

"预防为主"是我国卫生工作历来倡导的总的指导方针，它在整个医疗卫生事业中具有重要的战略地位。积极开展预防工作，防止疾病的发生，控制疾病的蔓延，减低其病死率、并发症、后遗症，从而提高整个人群的健康水平，是预防医学的根本宗旨。

（二）预防医学工作的道德准则

1. 预防为主的原则 "预防为主"是我国历来坚持的卫生工作方针。这个方针是在辩证唯物主义指导下，正确认识和总结我国人民同疾病作斗争的宝贵经验而提出来的。在预防为主的方针指引下，全国范围内开展的除害灭病爱国卫生运动，使城乡卫生面貌发生了根本变化。天花、鼠疫、霍乱等一些烈性传染病已基本消灭，一般传染病、地方病、寄生虫病的发病率和死亡率也有了较大幅度的下降。在环境卫生、劳动卫生、食品卫生和海关检疫等方面取得了相当大的成就。总之，人民健康水平和身体素质有了很大提高。长期以来的卫生工作实践充分证明，预防为主是我国广大人民群众切身利益的反映，是符合医疗卫生工作客观规律的方针，是做好卫生预防工作的根本依据。

预防为主体现了我国预防医学道德的最重要特点，它面向未来，着眼现实，注重预防，要求防治并重，这些都是从整体与全局的高度上、从社会与人类发展的利益上来认识和规划防治疾病、保护人民健康工作的。另外，预防为主的方针，正视和强调自然与社会的统一，把移风易俗、除害灭病同社会的进步和国家的富强联系起来，这对于社会主义物质文明和精神文明建设的深入发展必将起到积极的促进作用。

2. 对社会负责的原则 虽然预防医学道德责任的社会效益多是间接的、远期的，但预防医学对社会的道德责任却是直接的。它是通过对社会群体的正确"诊断"，来开好社会的大型"处方"，担负起社会责任的。从一定意义上说，提高对预防工作的认识，增强预防人员的社会道德责任感，是开展预防医学道德教育和建设的首要任务。

对社会负责既是对国家的未来负责，也是对人民的健康负责。作为预防人员应该在任何时候、任何情况下，都要坚持对社会负责的原则。自觉承担"人类生命工程师"的社会道德责任，协调好预防人员和社会人群的关系，做到预防工作同群众工作相结合；协调好预防工作和社会工作的关系，做到移风易俗、除害灭病与发展生产力、建设现代化强国相结合；协调好预防人员与临床工作者的关系、做到防治并重、预防与治疗相结合。预防人员在坚持这一原则的同时还要积极宣传这一原则，使广大群众能从社会道德责任感的高度上去认清预防工作的意义，从而自觉配合做好预防工作。

3. 秉公执法的原则 坚决贯彻执行各项卫生法规，做到秉公执法，并对国家卫生法规的执行起监督作用，这既是卫生预防机构的职能，也是预防人员应该遵循的一条特殊的道德准则。人类的卫生保健活动有两个基本方面：其一是自然方式，就是作为自然科学的医疗卫生技术方面；其二是社会方式，就是卫生保健活动的社会性质方面。卫生法规和预防工作的职业道德属于社会方式。两者相互补充，相互促进，相辅相成，都起着规范人们行为的作用。高尚的医德是贯彻实施卫生法规的基础，正确的卫生法规有利于高尚医德的养成。

卫生法规是在实践中产生的，又反过来为实践服务。严格执行卫生法规，反映了人民群众的根本利益。但是，在实际工作中，往往会遇到各种各样的矛盾，是秉公执法还是徇私枉法，这是衡量预防人员医德水平高低的重要标志。所以，预防人员要不畏权势，不徇私情，不谋取私利，坚持原则，秉公办事，忠实履行自己的神圣职责。对违法的单位或个人，要理直气壮地按照卫生法规处理，全心全意维护人民健康的根本利益。

（三）预防医学工作的道德要求

1. 主动服务 当预防人员为履行对全社会负责的道德责任，为保护大多数人的健康，对少数作为传染源的患者或健康带菌者进行隔离、留验，对传染病的密切接触者进行调查或检索时，常常使人们感到受约束和不方便，并产生某些抵触情绪。这就要求预防人员主动寻找健康人群，自觉上门服务，深入社会各种职业群体的学习、生活和劳动环境，开展卫生监测，并做好宣传群众、动员群众的深入细致的思想工作，以取得他们的支持和配合，共同做好预防工作，把各项隐患消灭在萌芽之中。

2. 甘于奉献　预防人员在调查疫情、监测和消灭传染病的过程中，要直接接触病原，被传染的机会较多。这样，除加强隔离消毒和做好自身保护外，还要求预防人员树立不怕困难、甘于奉献、勇于牺牲的精神。由于我国人口多，经济基础薄弱，预防工作又存在人员少、服务群体大的矛盾，因此预防人员一定要不辞劳苦，深入山村乡镇、大街小巷，积极开展群防群治工作，为了人民的身体健康，为了预防医学的发展作出应有的贡献。

3. 高度负责　由于预防医学具有广泛性、群体性的特点，所以预防人员所做工作而产生的社会效益是巨大而普遍的，应负的道德责任是严肃而意义深远的。这就要求预防人员时时处处对社会负责，对人民的健康负责，对人民赖以生活的环境负责。一旦因预防人员的疏忽而发生差错，其后果往往比临床医务人员在某个患者身上发生医疗差错所造成的损失要大得多。对这一点，预防人员应有清醒的认识。

4. 团结协作　预防工作任务艰巨，工作量大，牵扯面广，做好这项工作既需要被保护人群、被监督单位、被监督人的通力合作，又需要各部门、各单位的相互支持，还需要预防人员和临床医务工作者以及有关技术人员的密切协同。为了提高预防工作的质量，预防人员应该树立整体观念，正确处理方方面面的关系，做到顾全大局、服从整体、分工合作、协调行动。这样，才有利于预防工作各项任务的顺利完成。

第三节　护理职业道德

PPT

💬 **案例讨论**

【案例】1977 年 8 月，22 岁的刘振华卫校毕业后被分配到济南市皮肤病防治院工作。30 年来，她一直工作在麻风病防治第一线，用自己的爱心为麻风患者解除身体的疾痛，抚平心灵的创伤。她想患者所想，急患者所急，待患者如亲人，被患者誉为"最可爱的白衣天使"。

她刻苦钻研麻风病的防治、康复知识，并学以致用，把康复保健知识及时传授给患者，将自己的工作学习和实践经验撰写成论文发表在国家级专刊上。她每天都要忍着刺鼻的臭味，认真清创换药挖溃疡，认真观察研讨、拍片。30 年来，刘振华始终严格要求自己。脏活、累活，她默默地干；患者心理上出现急躁和消极情绪，她耐心疏导，给很多几近绝望的患者点起了一盏明亮的灯。

刘振华说："我做的都是本职工作，可大家却给了我很高的荣誉，我相信这是社会给予麻风患者的一种尊重。现在还有许多麻风患者因为贫困而无法得到及时治疗，不管是多跑腿还是多花钱，只要能让患者生活得舒适一些，能让他们感受到来自社会的尊重和温暖，我就知足了。"2005 年，刘振华荣获国际红十字会授予的护理界最高奖象——南丁格尔奖。

【讨论】结合自己的理解体会，谈一下一名合格的护理人员应该具备什么样的道德素质？

医药大学堂
WWW.YIYAODXT.COM

一、含义与特点

护理职业道德是一般社会道德在护理科学中的特殊表现，是护理人员应具备的品德，是在护理领域内处理各种道德关系的职业意识和行为规范。应从以下两个方面进行理解。

（1）护理职业道德是一种特殊的职业道德，伴随着护理而产生，随着护理职业的发展而发展，相比其他职业道德，其产生较早，稳定性更强，许多特殊规范要求更具体；护理道德调解护理领域中人与人的关系，涉及人的生命、疾病和健康等问题，相比其他职业道德更有特殊性。所以，护理职业道德是受一定社会经济关系、社会道德和护理科学发展的制约，反映护理领域道德关系的特殊职业道德。

（2）护理职业道德是一种特殊的社会意识形态，是护理领域中各种道德关系的反映，目的是促使护理人员更好地为人类健康服务；是依靠社会舆论、内心信念和传统习俗来维持，通过自觉遵守而发挥作用的。

二、道德原则

（一）不伤害原则

不伤害是指在护理实践中不给患者带来身体、心理或精神上的伤害。不伤害的概念在《希波克拉底誓言》和《南丁格尔誓言》中都有提到，例如《南丁格尔誓言》中强调护理人员应预防任何有害之事，不用有害的药物，不伤害是护理人员基本的责任。

1. 不伤害原则 作为当代护理伦理学的基本原则，在概念上应注意以下几个方面的内容。

（1）护理实践中的任何环节都不要造成伤害，包括临床护理过程的实施、护理人员与患者的人际交往过程以及医学研究等环节。

（2）不伤害原则所指的对象不仅仅是患者本人，还包括其家人、相关的社会群体、受试者等，医护人员应全面考虑，尽量避免对其造成伤害。

（3）不伤害原则所指的伤害，既包括身体的伤害，也包括心理和精神的伤害。生物－心理－社会医学模式要求医护人员将患者、受试者当作一个现实的、具体的人，而不是一个生物有机体。医务人员应充分考虑到他们复杂的心理状态，全面关心他们，避免任何形式下不应有的伤害。

2. 分类 医护诊治护理过程中的伤害现象，依据其与医护主观意志的关系，可以划分四种。

（1）有意伤害 即医护人员拒绝给患者以必要的临床诊治、护理或急诊抢救，或者为患者滥施不必要的诊治、护理手段等直接造成的故意伤害。与此相反，不是出于故意而是实施正常诊治所带来的间接伤害则属于无意伤害。

（2）可知伤害 即可以预先知晓也应该知晓的对患者的伤害。与此相反，无法预知的对患者的伤害则是意外伤害。

（3）可控伤害 即经过努力可以也应该降低其损伤程度，甚至可以杜绝的伤害。与此相反，超出控制能力的伤害则是不可控伤害。

（4）责任伤害 即有意伤害以及虽然无意但属可知、可控而未加以认真预测与控制出现的伤害。意外伤害、可知但不可控的伤害，属于非责任伤害。不伤害原则就是针对责任伤害提出的。

3. 不伤害原则的相对性 不伤害原则中所指的不伤害并非绝对的，在医疗护理活动中，许多疾病的诊断和治疗不可避免地会给患者造成一定程度的伤害。胃部造影、动脉血管造影等侵入性检查会引起患者的不适甚至疼痛，放射线、化学治疗、外科手术等一些必要的医疗措施会给患者的身体和心理带来损伤。但是，采用这些检查和治疗的目的是为了使患者获得较大益处或预防较大伤害，因此在伦理上是可以接受的。

虽然不伤害原则不是绝对的，但并不意味着医护人员可以忽视它。相反，医护人员更应该运用专业知识、技能和智慧，在诊疗照护前仔细评估、审慎思考并谨慎行事，预防可避免的伤害或将伤害减少到最低，为患者提供安全适当的服务。

（二）有利原则又称行善原则

是指护理人员对患者实行仁慈、善良和有利的行为，将有利于患者健康放在第一位，并切实为患者谋利益的道德原则。有利包含不伤害，不伤害是有利的一个方面。所以，有利原则由两个层次构成：低层次原则，即不伤害患者，这是有利的基本要求和体现；高层次原则，即为患者谋利益。

（三）被尊重原则

被尊重是人的一种需要，每一个人都应该受到社会和他人的尊重。在医疗护理实践中，尊重原则是指对患者的人格尊严及其自主性的尊重。患者的人格尊严是生下来即享有并应该得到肯定和保护的，患者具有主体性，不能被当作工具或手段。患者的自主性是指患者对有关自己的医疗护理问题，经过深思熟虑所作出的合乎理性的决定并据此采取的行动。像知情同意、知情选择、要求保守秘密和隐私等均是患者自主性的体现。然而，患者的自主性并不是绝对的，而是有条件的。患者实现自主性的前提条件是：①它是建立在医护人员为患者提供适量、正确且患者能够理解的信息之上；②患者必须具有一定的自主能力；③患者的自主性必须是深思熟虑并和其家属商量过，作出决定时的情绪必须处于稳定状态；④患者的自主性决定不会与他人、社会的利益发生严重冲突，否则要受到一定限制。

（四）公正原则

就是公平、公道、正义。"公"是无私，"正"是不偏不倚，公正即是公平正直。公正原则是指基于正义与公道，以公平合理的处世态度来对待患者与有关第三者。这里的第三者是指患者的家属、其他的患者以及直接或间接受影响的社会大众。从现代医学道德观分析，公正包括两方面的内容，即人际交往公正和资源分配公正。一方面，在医疗护理服务过程中，护理人员应公正、平等地对待每一个患者；另一方面，在医疗资源分配过程中让患者享有医疗保健的平等权利，做到公正优先，兼顾效率，合理配置卫生资源。

三、道德要求

1. 忠于职守，患者第一　热爱护理职业，有高度的事业心和工作责任感，全心全意为患者服务。尊重患者的生命价值和人格，尊重患者平等就医的权利。一视同仁，任何情况下，不得以各种手段轻视和侮辱患者。

2. 遵守制度，安全操作　对护理工作一丝不苟，严格执行"三查七对"制度。执行医嘱，及时准确；护理记录，正确清楚；观察患者，认真细致；抢救患者，有条不紊；坚持查对，准确无误。遵守制度，安全操作，避免差错，杜绝事故发生。

3. 勤奋学习、精益求精 在不断开阔医护专业知识的基础上，积极运用心理学、社会学、美学、伦理学等相关学科知识，做好护理工作。

4. 热情服务、以诚待患 以诚挚体贴的态度做好基础护理、生理护理和心理护理，努力为患者提供最佳的护理服务。

5. 互尊互助，团结协作 同事间相互尊重、互帮互助，主动与医、技、工等人员团结、协作，共同完成医疗护理工作。

6. 仪表端庄，稳重大方 仪表得体，精神饱满，服装整洁，动作轻柔，语言温和，礼貌待患。

7. 医德高尚，慎独守密 努力培养诚实、正直、慎独、上进的品格和严谨的工作作风。单独操作时，不做有损于患者利益的事，为患者保守秘密，不泄露患者的隐私和秘密。

第四节　医药科研道德

案例讨论

【案例】2018 年 11 月 26 日，国家卫健委回应"基因编辑婴儿"事件将依法依规处理。11 月 27 日，科技部副部长徐南平表示，"基因编辑婴儿"如果确认已出生，属于被明令禁止的，将按照中国有关法律和条例进行处理。中国科协生命科学学会联合体发表声明，坚决反对有违科学精神和伦理道德的所谓科学研究与生物技术应用。11 月 28 日，国家卫生健康委员会、科学技术部发布了关于"免疫艾滋病基因编辑婴儿"有关信息的回应：对违法违规行为坚决予以查处。2019 年 1 月 21 日，从广东省"基因编辑婴儿事件"调查组获悉，已初步查明，该事件系南方科技大学副教授贺建奎为追逐个人名利，自筹资金，蓄意逃避监管，私自组织有关人员，实施国家明令禁止的以生殖为目的的人类胚胎基因编辑活动。12 月 30 日，"基因编辑婴儿"案在深圳市南山区人民法院一审公开宣判。贺建奎、张仁礼、覃金洲等 3 名被告人因共同非法实施以生殖为目的的人类胚胎基因编辑和生殖医疗活动，构成非法行医罪，分别被依法追究刑事责任。

【讨论】如何看待贺建奎等人的"基因编辑婴儿"事件？

一、含义与功能

（一）医药科研道德的含义

医药科研是人类为满足自身健康需求，以认识生命现象和完善人类自身的生命为目的而展开的研究实践活动。主要解决的是人类对自身生命、健康、疾病等现象及相互之间关系的"不知"与"知"、"不能"与"能"、"想做"与"能做"之间的矛盾。

医药科研的具体任务是发现人类生命的本质和规律，揭示疾病与健康发展的客观过程与规律，探寻战胜疾病，增进人类身心健康与长寿的有效医药学手段。既包含了对生命自身奥秘的探索，也包含了理化等自然因素对人体作用机理的研究。

医药科研道德是医药科研和医药学发展的精神动力和必要导向，是医药学发展的内在动因，是推动医药学发展的必不可少的环节与手段。它规范着医药学发展的正确方向，确保了医药学的人道主义性质。

（二）医药科研道德的功能

1. 说明功能　医药科研道德的说明功能在于通过正确的医药科研道德观念，指导人们认识科研过程中的"善"与"恶"，明辨"是"与"非"，分清"正确"与"错误"，进而解决"应该"与"不应该"的问题，指导医药科研人员在进行行为选择的时候作出正确的判断。医药科研道德的说明功能依据于正确的医药科研道德观念和意识而得以实现。

2. 调节功能　医药科研道德的调节功能主要在于调节医药科研领域当中的各种利益矛盾，包括科研主体与客体，主、客体与社会及科研主体内部群体之间的利益矛盾。医药科研道德通过制定各种规范来指导和约束科研人员的行为，解决"做什么"和"怎样做"的问题，从而使医药科研人员的行为有所遵循，保证医药科研能够正常有序地进行。医药科研道德的调节功能依赖于其规范性和特定的社会维系手段而发挥作用，它包括正确的社会舆论、主体的内心信念，传统的观念习俗以及必要的社会制约手段等。

3. 进取功能　医药科研道德的进取功能主要在于引导医药科研人员树立正确的科研目的，追求更远大的目标，不断完善自身的道德人格。医药科研人员的道德人格历来是保证医药学人道主义性质，推动医药学向前发展的重要动力和最根本的条件。爱因斯坦在评价居里夫人时指出："第一流人物对于时代和历史的意义，在其道德品质方面也许比单纯的才智成就方面还要大。即使是后者，他们取决于品格的程度，也远超过通常所认为的那样。"医药科研道德的进取功能就在于帮助医药科研人员树立这种高尚的道德人格，追求崇高的道德境界，从而保证医药科研事业的完美和发展，解决"做得更好"的问题。医药科研道德的进取功能需要社会的激励和医药科研人员高度的自律性，在于推动医药科研事业的不断发展。

二、道德要求

（一）医药科研的一般道德要求

1. 实事求是　科学最本质的特征就是尊重事实，实事求是。医药科研要揭示人体生命现象的本质，探寻增进人类健康、战胜疾病的途径和方法，就必须在客观事实的基础上，实事求是地抽取反映客观实际的规律。只有尊重事实，尊重科学，坚持诚实客观的原则，才能真正揭示医药学的客观规律。科学的发展历史证明，凡是科学真理都是建立在客观事实的基础之上的。弗莱明发现青霉素，是因为他没有放弃一次失败的细菌培养试验现象，并立足于这个事实进行深入研究，探索造成细菌培养失败的原因，从此取得了划时代的伟大成果，开创了抗生素的新时代。著名的生理学家巴甫洛夫也非常注重事实，他在解剖狗的时候，细心地数着从玻璃管中流出来的狗的唾液，把数字详细地记下来，一干就是四五个小时。他对青年们说："你们要学会研究事实，对比事实，积聚事实。应当百折不挠地探求支配事实的规律。"真正的关注事实，研究事实，在事实的基础上进行科学推理，是医药科研人员必备的唯物主义思想素养。

2. 坚持真理　认识科学真理是一个艰难的过程，在认识之后坚持真理更需要非凡的勇气。科学的灵魂就在于创新。每一次科学创新都表现为对权威的挑战，对世俗的挑战，对传统观念的挑战，这些挑战必然使创新者面临着巨大的压力甚至压制，倘若没有坚持真理、没有敢于冲破传统观念束缚的勇气，任何创新都是不可能的。坚持真理可能会付出个人声誉、名利甚至是生命的代价，但是真正的科研人员，出于对科学的忠诚和实事求是的基本品质，一定要勇于坚持真理，否则就不可能有所前进。提出血液小循环学说的西班牙医学科学家塞尔维特因为反对教会的错误观点，受到惨无人道的严刑拷打，但毫不畏惧。他说："我知道我将为自己的学说、为真理而死，但这并不会减少我的勇气。"在他被教会判处火刑即将执行的时候，他镇静地说："烧吧，真理是不怕火烧的！"他为真理献身的勇气，来源于他对医学事业和科学真理的坚定信仰和追求。

3. 团结协作 现代科研已经进入到了群体创造的时代，任何一个科研工程或项目都是群体合作的结果，因此科研人员必须具有群体协作意识。群体合作意识在本质上是正确对待个人和他人劳动的内在关系。从历史唯物主义的观点看，科学具有继承性，每一代人的成绩都离不开前人的劳动成果，后代人继承前人的科学成就，在原有基础上向新的高峰攀登。

医药学的继承性尤为明显，没有前人的劳动，不可能有后人的成功。从某种意义上说，尊重他人的劳动正是取得新成绩的基础所在。尊重他人的研究成果，实事求是地对待合作者的贡献，正确处理与合作者的关系，正确评价他人的科学成果，特别是正确对待自己的名利，这体现着一个科研人员的优良品德。

（二）人体试验的道德要求

人体试验是医药科研的一种特殊手段和表现形式。它以人作为受试者和研究对象，运用科学的手段，有目的、有控制地对受试者进行试治、试验、观察等项目研究，以最后验证医药科研成果对人的作用与价值。它是医药科学研究的最后环节。20 世纪 50 年代，西德生产出一种俗称"反应停"的镇静类药物，对缓解早孕反应效果十分明显。在没有进行必要的人体试验的情况下，很快投入临床使用，随之出现了严重后果。从 1959 年开始，西德、英国等十几个国家陆续发现"海豹症畸形胎儿"，经过深入研究证实，"海豹症畸形胎儿"正是"反应停"强烈的毒副作用所致。无数事实证明，医药科研成果不能仅由动物实验来证明，必须经过人体试验的验证。

1964 年在芬兰赫尔辛基召开的第十八届世界医学大会上通过了"指导医务卫生工作者从事包括以人作为受试者的生物医学研究方面的建议"，即《赫尔辛基宣言》，之后，分别在 1975 年、1983 年、1976 年、2000 年、2008 年和 2013 年进行了六次修止，并于 2002 年和 2004 年分别对第 29 条和第 30 条进行了补充，成为现代指导人体试验具有权威的纲领性的国际医德规范。

1. 坚持符合医学目的 医药科研必须对人的生命负责，必须有利于维护人的生命，这是医药学的目的，也是医药科研的目的。因此，医药科研中的人体试验必须以增进诊断、治疗和预防措施，了解疾病病因学与发病机理，增进人类健康为目的。这是医药人体试验必须遵循的最高宗旨和根本原则。违背这一原则的医药人体试验都是不道德的。

2. 维护受试者利益 医药人体试验中的很多方法和措施都可能包含对人体的某种伤害或潜在的危险。因此以人为对象的生物试验必须坚持以维护受试者利益为前提，严格遵守人体试验的道德规范。《赫尔辛基宣言》指出：对于受试者或其他人们利害关系的重要性，一定要始终压倒对科学研究和人类社会方面的影响；科学研究工作的正义性服从于保护他或她的完整，这个原则必须永远受到重视；用人做试验，科学和社会的利益绝不能高于受试者的利益。总之，医药科学研究的重要性要服从于保护受试者的利益不受伤害，不能只顾及医药科研成果而牺牲受试者的利益，这个原则要贯穿医药人体试验的整个过程。

3. 尊重受试者的人格和知情同意的权利 在医药人体试验过程中，受试者常常处于相对被动的位置。这是由试验双方在医药人体试验中各自不同的角色、任务决定的，并不表明双方地位、人格和权利的不同。所有医药科研人员必须知道，受试者具有完整的人格尊严、人身权利和自由。试验者必须给予其完全的尊重，包括自主的知情同意的权利。

4. 坚持科学性原则 以人作为受试者的生物医药学研究直接涉及人的生命，而科学性是人的生命利益的基本保证。因此医药科研人员必须严格遵守科学性原则，这不仅是科学要求，更是道德要求。《赫尔辛基宣言》中关于人体试验应遵循的科学性原则内容包括：试验必须符合普遍认可的科学原理，试验程序的设计必须得到科学的说明。除对人类特有的部分疾病研究以外，人体试验必须有充分的动物实验依据。试验要由胜任者进行并由胜任者监督。发表科研成果要准确，要有责任感。医药科学研究应该是一丝不苟、严格准确、精益求精的。医药科研的科学性反映的是对人生命的尊重，具有深刻的道德意义。

5. 进行伦理审查的原则　修订后的《赫尔辛基宣言》中明确提出，"试验方案应提交给一个特别任命、独立于研究者、主办者、不受不适当影响的伦理审查委员会研究、评定、指导和批准。伦理审查委员会须遵守试验所在国的法规，并有权对正在进行的试验进行监控，研究者有义务将监控情况，尤其是将出现的一切严重的不良反应报告给伦理审查委员会。研究者还应向伦理审查委员会提供有关资金、主办者、研究机构、可能出现的利益冲突及对于受试者的奖励等信息，供其审查。"进行伦理审查是保证人体试验符合伦理要求的必要的组织程序。它对于确保人体试验的正当性具有不可替代的重要作用。特别是在新药临床试验中，通过伦理审查保证临床药理人体试验的伦理正当性是医药道德实践发展的一个标志，具有重要的现实意义。

（三）动物实验的道德要求

医药学研究离不开动物实验。人们借用于动物实验来探索生命的起源，揭示遗传的奥秘，研究各种疾病的机理，攻克各种疑难杂症。特别是在药学的发展中动物实验更是不可替代的：①动物实验的数据成为科学交流、成果比较的可参照的科学标准；②是药品安全性评价和效果检验的载体之一；③在科学研究中应充分尊重动物的生命权利。

对动物生命权利的尊重应体现在日常对待动物的管理和使用方面。在动物生活环境的设置方面，应保证动物的生存需要：如清洁、通风、透光、适当的居住密度、必要的活动空间、噪声控制等；动物的饮食必须保证卫生、营养全面、饲料配比科学；食具要清洗，符合卫生要求；在使用动物进行实验时，要尽量减轻实验动物的痛苦，避免不必要的伤害，如必要的消毒、麻醉等，绝不允许不经麻醉而进行活体解剖等极具痛苦的实验；实验后要认真处理伤口，给实验用动物以"人道"的对待；对实验动物的尸体要给以妥善处理，不得乱扔乱放甚至陈尸街头，要深埋或火化，既是为了安全，也是对动物本身的尊重。尊重动物的生命权利是医药科研人员应具备的道德素质之一。

三、医药科研面临的道德挑战

（一）安乐死药物研究中的道德要求

1. 安乐死的含义　安乐死一词最早源于希腊语，原意是指无痛苦、幸福地死亡。表达的是人们向往在身心安泰之中走完最后的路程，从容地告别人生。

现代意义上的安乐死概念已与本意相去甚远。它虽然也称"安乐死"，但绝不是本来意义上的身心安泰、神情愉悦地面对死亡。现在的安乐死通常是指患者在身患绝症、濒临死亡、身心极端痛苦，自愿要求尽早结束生命这一前提下的一种死亡处置方式。

在我国，学者们通常认为安乐死的定义是患不治之症、濒临死亡的患者，由于精神和躯体的极端痛苦，在患者或其家属的要求下，由医务人员用药物或其他方式所实施的保持人的尊严与安详的死亡处置方式。由此可以看出，安乐死离不开三个前提：一是患者患不治之症；二是患者极端痛苦；三是患者或其家属必须有真诚的愿望和明确的表示。我国目前不允许安乐死，本部分只讨论安乐死的道德要求，不作任何观点表达。

2. 安乐死药物研究遵循的道德要求

（1）用于安乐死的药物研究必须遵循人道主义原则，以减轻患者痛苦为直接目的，并且在使用中应确实具有减轻痛苦的药效，不能为了加速死亡而产生新的痛苦。

（2）有利于维护患者的尊严，不能因药物作用而产生任何有损患者形象或人格的后果，也不能因药物而导致对患者或亲属的恶性刺激和情感伤害。

（3）药物的剂型等外观感觉不应对患者或其他人产生恶性的感官影响，不应使应用者产生恐惧、压力等心理负担，应符合安乐、安逸的整体要求。

（4）药物应用应便于操作，不应由于操作过程的复杂化给应用者增添额外的精神或身体负担。

（5）必须严格控制安乐死药物的研究和应用，制定严格的审批制度，确保其不被滥用。

（6）对有身后捐献器官要求的安乐死应用者应尽可能保证其身后器官的可用性。由于安乐死药物的作用，有时可能会使应用者出现全身器官的衰竭或毒性反应，导致器官无法被利用。因此，安乐死药物研究应尽力保护非生命根本指征的器官，以适应医学器官移植的需要。

▶ **拓展阅读**

安乐死

目前，积极安乐死只在荷兰和比利时合法。瑞士和美国俄勒冈州的法律则允许间接或消极安乐死。美国俄勒冈州是世界上第一个承认安乐死合法的地方。1994 年，该州通过一项法令，允许医生为只有半年存活期的绝症患者提供他们要求的致死药物。自这项法令 1997 年生效以来，已有 200 名绝症患者在该州实行了安乐死。美国加利福尼亚州目前正在仿效俄勒冈州制定类似的法令。

世界上第一个将积极安乐死合法化的国家是荷兰，比利时则紧随其后。2002 年 9 月 23 日，荷兰取消了对有条件安乐死实施者的刑罚。目前，比利时和荷兰准备就婴儿和痴呆患者安乐死问题立法。

瑞士允许消极安乐死，并成立了一个帮助他人死亡的专门协会。英国上院正在审理一项允许自愿安乐死的法案。在日本，有条件的安乐死于 1995 年得到最高法院许可。哥伦比亚则于 1997 年立法确认安乐死是临终患者的一项权利。

法国青年樊尚·安贝尔的母亲曾帮助儿子安乐死，这促使法国议会于 2005 年通过一项法令，给予没有希望治愈或处于垂死阶段的患者选择死亡的权利。

澳大利亚北部地区曾短期承认安乐死合法。有关法令于 1996 年 7 月生效，但于 1997 年 3 月被澳大利亚联邦议会废止。

在全球各地，有很多人为安乐死合法化奔走呼号，但也有很多人坚决反对安乐死。在反对安乐死的人看来，直接或间接地造成他人死亡在道德上是不可接受的。

安乐死的问题是一个集科学、文化、法律与社会经济发展水平在内的复杂问题。安乐死药物的研究是建立在对安乐死认识基础上的，应立足于安乐死问题的总体道德原则和观念，体现安乐死的道德性质。

（二）基因药物研究中的道德要求

基因研究是人类在 20 世纪最重要的科研成果之一，也是 21 世纪最有前途的科学领域之一。

基因药物是应用基因工程技术生产出来的特定药物。基因药物的研制是应用基因工程技术通过对基因的重新构建，减低毒性来制造疫苗，或重新构建它的基因，通过分泌一些有用的物质来制造药品的过程。也可以是借助于克隆手段，运用基因技术向动物取药的过程。

通过构建新的基因既可以研制出高效的新型药物，满足人类的健康需求，也可以研制出新抗原性的、毒力更强的病毒。这可能是因为实验错误，技术人员本来想构成一个减毒的病毒，结果却产生了一个毒力更强的或者抗原变异的新的病毒，但也可能是人为地、有计划地制造，如生物武器等。如果这种新病毒传播到社会上，其后果不堪设想。因此，应用基因技术人工制造基因药物最重要的道德判断标准就在于它的应用结果是有利于人的健康，还是有害于此。加强社会管理和控制，实行严格的道德与法律的监督，有利于促进这基因研究沿着符合人类利益的方向发展。

基因药物的发展势不可挡。应用基因技术向动物取药除了有前述的基因药物的伦理问题外，还涉及人畜种系间的伦理矛盾。例如，应用转基因动物产生的药品是否会带有某些现在还不能认识的动物疾病的基因，而对人类的未来构成潜在的威胁？甚至影响基因库的纯洁性？人畜基因的"融合"是否有损人的尊严？是否会导致人畜共病？用转基因动物生产药物的廉价、高效是否会由于其巨大的商业利益，而诱发反人道的违规行为？比如忽视药品生产的科学性、针对性、有效性，而单纯追求功利和财富的目的；忽略药品对人的重要影响，轻视实验过程，匆匆推向临床应用。

总之，基因技术提高了人类对生命的期望值，给人类带来了新的生命希望，但它所蕴含的严重问题必须得到重视。从事基因研究的科研人员必须遵循联合国教科文组织提出的《世界人类基因组与人权宣言》和《国际人类基因组组织关于遗传研究正当行为的声明》中提出的道德原则，确保自己卓越的科学活动成为人类进步与发展的动力。

实训六　门诊护送义工志愿服务

【实训目的】

义工活动是爱心和良知的集体表现，是民众回馈社会的一种具体形式，通过组织"门诊护送义工"志愿服务，可以培养学生团结协作、无私奉献的团队精神，使学生感知救死扶伤、奉献社会的仁爱价值，让学生用实际行动诠释药德精神。

【实训步骤】

1. 通过课程多媒体信息平台做好前期宣传，发布活动内容、流程，明确活动目的、意义等。
2. 志愿者招募及队伍管理。招募志愿者，并选出一到两名队长，负责制定活动行程、开展志愿者培训等。
3. 与周边医院联系，按照拟定计划开始义工工作。
4. 义工活动结束后，召开总结会议，各班结合专业和职业，分享义工心得体会。

【实训内容】

1. 导诊引诊　帮助年老体弱及行动不便的就诊患者排队挂号、检查、缴费、取药等，为不熟悉医院环境的患者指引方向、陪诊等。

2. 关心关爱 对患者给予心理疏导、解释、安慰，使其理解医院的难处，帮患者建立与病魔作斗争的信心和勇气，积极配合医生治疗。

3. 咨询服务 和大堂客户服务部的护士老师一起合作，在医院门口为患者及其家属提供有用的信息和服务。

【实训要求】

（1）活动过程必须注意安全，听从组长安排。

（2）活动过程中应注意学生形象，遵守医院的规章制度。

（3）注意基本的礼仪、服务态度以及措辞用语。

（4）不要在患者面前表现出对疾病的恐惧，但要做好自身保护。

（5）佩戴志愿服务标识，统一着装。

【实训思考】

观察医疗实践中的道德要求有哪些？

本章小结

医疗实践中的道德要求包括很多方面，每一方面的要求根据其特点又有不同。临床医学道德、护理职业道德、公共卫生与预防职业道德、医药科研道德分别是医药职业道德的一般原则和具体要求在医药各领域中的具体应用，是在医药领域内处理各种道德关系的职业意识和行为规范。

习题

一、选择题（单选题 1 ~ 6，多选题 7 ~ 8）

1.（ ）对治疗措施有自主选择权。

　　A. 年龄在 10 周岁以下的患者　　　　　　B. 意识清醒的成年人

　　C. 处于昏迷状态的患者　　　　　　　　　D. 发作期的精神病患者

　　E. 意识模糊的老年人

2. 现代医护关系应是（ ）的关系。

　　A. 导从属型　　　　　　　　　　　　　　B. 领导与被领导

　　C. 并列互补型　　　　　　　　　　　　　D. 命令与服从

　　E. 相互竞争型

3. 药学服务质量的优劣直接关系到（ ）。

　　A. 患者的治疗　　　　　　　　　　　　　B. 患者的用药

　　C. 药师的业务能力　　　　　　　　　　　D. 人民群众的健康

　　E. 医师的技术水平

4.（ ）应遵守社会主义药学道德原则。

题库

医药大学堂
WWW.YIYAODXT.COM

A. 从事药物生产人员　　　　　　　B. 从事药物研究人员

C. 从事药物经营人员　　　　　　　D. 从事药物使用人员

E. 从事药物生产、经营、研究、使用、管理的人员

5. 我国提倡通过（　）途径获得供体移植器官。

A. 自愿捐献　　　　　　　　　　　B. 互换器官

C. 器官买卖　　　　　　　　　　　D. 强行摘取

E. 其他途径

6. 医患间交往障碍的原因，医生方面可能有（　）。

A. 以是否有科研价值对待患者

B. 对患者的病痛缺乏同情心

C. 关心对方能否给自己带来物质利益

D. 情绪不稳

E. 以上原因均有可能

7. 建立社会主义的医患道德关系就应（　）。

A. 充分认识医者的价值地位

B. 无条件地满足患者的要求

C. 尊重患者的人格尊严和权利

D. 认真履行医德原则和医德规范

E. 加强医患之间的友好合作

8. 社会主义医药职业道德的原则是（　）。

A. 救死扶伤，实行革命的人道主义

B. 以患者利益为最高标准，提供安全、有效、经济的药品

C. 促进本行业的发展

D. 以调整药学人员道德行为出发

E. 全心全意为人民服务

二、简答题

1. 护理职业道德的原则是什么？

2. 医药科研道德的功能有哪些？

第七章　医药职业道德的评价

学习目标

知识目标

1. 掌握医药职业道德评价的含义。
2. 熟知医药职业道德评价的标准。
3. 了解医药职业道德评价的作用、医药职业道德相关法律法规的规定。

技能目标

1. 能判断医药工作中的行为是否符合职业道德。
2. 能遵守医药工作中的法律法规。

　　每一个医学行动始终涉及两类当事人：医师和病员，或者更广泛地说，医学团体和社会，医学无非是这两群人之间多方面的关系。

——著名医史学家亨利·西格里斯

第一节　医药职业道德评价的内涵及其意义

PPT

案例讨论

　　【案例】 燕窝的营养较高，是中国传统名贵食品之一。血燕属于洞燕的一种，是金丝燕筑巢于山洞的岩壁上，岩壁内部的矿物质透过燕窝与岩壁的接触面或经岩壁的滴水，慢慢地渗透到燕窝内，其中铁元素占多数的时候便会呈现出部分不规则的、晕染状的铁锈红色，因此称之为血燕。血燕虽名贵但产量很少。前几年，马来西亚暴出采用胶水、鸟粪熏制而成的"问题血燕"，对人体有极大危害。同仁堂是全国中药行业著名的老字号，坚持凡售药品必须要符合药用标准，在市场难以判断"血燕"药用价值及在销售秩序混乱的情况下，为保其百年招牌，毅然拒绝销售"血燕"。其做法让医药行业肃然起敬，更获得广大老百姓的一致认可。

　　【讨论】 1. 如果你是一位医药职业人，如何看待同仁堂的做法？

　　　　　　2. 上述案例中，你认为"医药职业道德"应从哪些方面去评价？

一、评价的概念和内涵

　　评价是指对一件事或人进行分析、判断后的结论。早在宋王栐《燕翼诒谋录》卷五记载："今州郡寄居，有丁忧事故数年不申到者，亦有申部数年，而部中不曾改正榜示者，吏人公然评价，长贰、郎官为小官时皆尝有之。"评价有衡量、评估、评定其价值的含义，也包括对人或事物所评定的价值。

医药职业道德是我国广大医药人员救治患者、生产经营、储藏药物等系列行为活动所必须遵循的基本原则和规范，是处理医生与患者以及医药人员相互之间关系的行为准则。医药职业道德评价是衡量医药工作人员道德水平高低的重要标准，也能反映出我国医药行业在人民群众心中的满足程度，可以帮助行政部门正确掌握社会医疗行业的实际情况，作出有利于人民医疗健康发展的正确决策。

二、评价的发展历程

自然之道，即生老病死。从本能上讲，人类与生俱来就有与自身病痛进行斗争的能力，这是一种原始的，来自动物的自救、互救活动，后有人称之为"本能医学"，并且在实践活动中随着时代进步不断更替与变化。《淮南子·修务训》中说："神农氏乃教人播种五谷，……尝百草之滋味，水泉之甘苦，令民知所避就。当此之时，一日而遇七十毒，由是医方兴焉。"这就是人类从事医学活动的真实写照和历史记载。压抑着动物本能，人类渐渐脱离动物圈，伴随着社会的进步，人们认识了疾病，并不断积累防病治病的知识，逐渐形成了系统的医学知识体系，经验医学便由此产生，与此相对应的医药职业道德评价也由此发端。

医药职业道德评价标准和体系在我国的演变和发展历史源远流长，有着深刻的时代烙印。

从殷商时期粗浅的疾病认识，到西周《周礼·天宫·医师》中提及"医师，掌医之政令，聚毒药以供医事"，这是最古老的医药职业道德评价，讲述了医者的作用及评价宗旨；后到春秋儒家的"仁"、庄子崇尚"自然无为"、墨家的"兼爱互利"，医学人道主义评价标准成为这一时期医德评价的主流；战国时期成书的《黄帝内经》，不仅是我国第一部医书，也是我国历史上最为重要的医德经典，书中对于医药人员提出了"悲悯、敬业、仁心、务实"的评价标准；隋、唐时期，医德评价继而发展为"博极医源，精勤不倦；同情患者，一心赴救；临证省病，至精至微；言行端庄，不皎不昧；"后有著名医学家孙思邈身体力行，其良好的医德和精湛医术，成为历代医家的楷模，并被后世所推崇。

宋、元、明、清时期，更为重视医德评价，抑恶扬善，告诫医药人员要专研医学，勿成"庸医"，且其评价标准也扩展到医者不仅治病，更要协调医患关系，讲究相互尊重信赖。明代时期，陈实功提出的"五戒十要"，作为一部重要的医德文献，在美国 1978 年版的《生命伦理学百科全书》中被列为世界古典医德文献之一。书中提及"先知儒理，然后方知医理；遇贫难者，当量力微赠，方为仁术；要诚意恭敬，告明病源，开具方药"等有关医药职业道德的十条评价准则。

清"康乾盛世"时期是我国医学迅速发展的关键时期，期间编著了第一、第二部医学百科全书和第一套医学教科书，整理研究了许多医籍，出现了如吴鞠通、叶天士等一代名医。其中对医德发展有突出贡献的清初名医喻昌，在其著作《医门法律》一书中，改变了以往医家箴言式的空洞说辞，结合临床救治经验谈论医德，他将临床治疗方法称为"法"，把针对临床诊治中易犯的错误提出的禁例称为"律"，开创了临床医德评价的先河，更纠正了临床医生的错误医疗行为。

近代中国现代医学伦理学的先驱者宋国宾撰写了《医业伦理学》一书，这是我国西医学界第一部现代的医学伦理学著作，对医师与患者的关系、医师与同道的关系、医师与社会的关系作了系统的阐述，并首次对医生保守患者秘密作了论述。在革命战争年代，红军军委卫生部颁布了卫生法规和有关卫生工作训令，成立卫生学校，规定政治坚定、医德高尚、技术优良的红军医生的教育方针。1939 年，毛泽东同志发表《纪念白求恩》，号召学习"白求恩同志毫不利己专门利人"的精神，"对工作极端的负责任，对同志对人民极端的热忱"的精神。1941 年 5 月，毛泽东同志为延安中国医科大学写了"救死扶伤，实行革命的人道主义"的题词。毛泽东同志的这些论述为中国现代医德建设奠定了基础。

中华人民共和国成立以后，各级医疗机构非常注意对医务人员的医德培养和教育，都制订了"医德规范服务公约"。改革开放以后，1981年原卫生部颁发了《医院工作人员守则》，要求全体医务人员"发扬救死扶伤实行革命人道主义精神，同情和尊重患者，全心全意为患者服务"。1988年原卫生部颁发了《医务人员医德规范及实施办法》，中心思想是"救死扶伤，实行社会主义的人道主义"，要求医务人员"尊重患者的人格与权利"，对患者"都应一视同仁"，"为患者保守医密，实行保护性医疗，不泄露患者隐私与秘密"。并规定对医务人员医德考核，其结果作为应聘、提薪、晋升以及评选先进工作者的首要条件。国家对医德法规建设的重视，不仅有力地提高了我国医务人员的医德水平，也促进了我国医学伦理学和医德评价研究的发展。

三、作用和现实意义

一直以来，我国医疗卫生事业持续发展，人民健康水平大幅提高，主要健康指标优于中高收入国家平均水平。但随着工业化、城镇化、人口老龄化进程加快，疾病谱、生态环境、生活方式等发生变化，出现了多重疾病威胁并存、多种影响因素交织的复杂局面，医疗卫生事业发展不平衡不充分与人民健康需求之间的矛盾也比较突出。进入新时代以来，党中央对人民的身体健康、医药行业稳定发展提出了更高的要求。在"健康中国"战略背景下，打造一支遵守医药职业道德、重法律、守行规，时刻以保证人民身体健康为宗旨的医疗行业服务队伍显得迫切而重要。

而医药职业道德评价是医务人员行为、医疗卫生保健单位活动的监视器和调节器，是维护医德原则、规范和准则的重要保障，是医德原则、规范和准则转化为医务人员行为和医疗卫生保健单位活动的中介和桥梁，对我国医疗行业的发展有着重要的现实作用，主要体现在以下方面。

（一）对医药职业人员医德品质的形成有导向作用

医德品质是医药行业之魂，是医务人员立足于本行业的基本前提。它是调整医务人员与患者、医务人员之间以及与社会之间关系的行为准则。例如中医学道德观要求"医者需具备不贪钱财、不分贵贱、不恋女色、不诈病家、不图虚名、不轻同行的高贵医德医风"。任何工作、任何行业都普遍注重"德才兼备，以德为先"，正确的医德评价能促进良好的医德品质的形成，这既是医者之福，也是人民之幸。

一般来讲，对职业社会定位的认同及其表现的"敬业意识"，对职业目标理想的确立及其表现的"乐业意识"，对职业规则的信奉及其表现的"职业规范意识"，对职业价值的追求及其表现的"勤业精业意识"都对医药行业职业人员敬业、奉献有良好的导向作用，对其医德品质的形成具有明显的推动作用。

（二）对医学事业及科学的发展有推动作用

"医学是随着人类痛苦的最初表达和减轻这种痛苦的最初愿望而起生；由于最初需要解释人体发生的各种现象和以人类心灵为主题进行最初的辛勤探索而成为科学。"著名医学史学家卡斯蒂格略尼的这种观点一定程度上高度概括了整个医学的发展历史。

在"经验医学－实验医学－现代医学"的发展过程中，医学不单单是知识和技艺的应用，因其对象是人，所以必然出现一系列行为规范和道德评价，以维持医学实践的正常进行。从医学萌生开始，便与医药职业道德紧密相连，它们共同接受来自社会经济结构、政治制度、科学技术、哲学思想和国情文化的影响，二者密不可分、相互影响。随着生产力发展水平的进步，医药科学的发展对医药职业道德评价不断提出新的要求，同时，医药职业道德的评价因其分辨是非、判断曲直的功能又成为医药学朝着科学正确方向发展的必要保证。

（三）对医学人际关系的协调有促进作用

人们在社会活动中会发生多方面的联系，产生各种社会关系，如经济关系、家庭关系、法律关系、伦理关系、政治关系、朋友关系等。中国古代《尚书》记载最早的伦理关系为：父义、母慈、兄友、弟恭、子孝，而义、慈、友、恭、孝就代表着我国古代以血缘关系为基础的家庭伦理关系的要求，即规范，这是一种实际的存在，其本质是为了社会的繁荣与稳定。同样道理，医患关系是医疗实践活动中客观存在着的以医务人员为一方，以患者及家属为另一方，相互交往的一种双向人际关系。遵循医药职业传统，提高服务质量，强化患者利益首位和利他主义的医学职业精神，是和谐医患关系的必然要求，不仅对医学人际关系的协调具有明显的促进作用，更有利于进一步维护社会的稳定和进步。

▶▶ 拓展阅读

万全治病救人的高尚情怀

明代医家万全，字密斋，湖北罗田县人。万氏祖传三代习医，本人造诣尤高，著有《幼科发挥》《保命歌诀》《养生四要》《育婴家秘》《广酮精要》《痘疹世医心法》《伤寒摘锦》等。他是明代研究儿科学的杰出代表人物之一，不仅医技精湛，而且医德高尚。

万全治病不分亲疏，即使有宿怨旧恨，也绝不拒绝诊治，不记前仇，曾千方百计地救治好一怨家小儿的危重病症。

怨家胡元溪，有一四岁儿子，患咳嗽吐血，遍延名医，百治不愈，无可奈何，只好来求万全。万氏以"活人为心，不记宿怨"立即前往病家诊察。经确诊后，便诚恳地对胡元溪说："此病可治，吾能治愈之，假一月成功。"万氏当即处方治疗，服药五剂后，咳减十分之七，口鼻出血止矣。

不料胡元溪嫌其儿子病愈"太迟"，而且"终有疑心""终不释疑"。总认为万全与自家有嫌隙，不一定会用心治疗。便决定换请别医，于是又请万绍医治。

按理说万全可以完全撒手不管。可当有人劝他离去时，万全却说："彼只一子，非吾不能治也。吾去彼再不复请也，误了此儿。非吾杀之，亦吾过也。且看万绍用何方，用之有理，吾去之，如有误必力阻之；阻之不得，去未迟也。"

万全看了万绍开的药方后，万全认为药不对症，服了有危险。于是诚恳劝阻说："此儿肺升不降，肺散不收，防风，百部岂可用也?"胡元溪从一旁附和说："他是秘方。"这时万全严肃地说："吾为此子忧，非相妒也。"他不忍见死不救，临走之际，还再次看望患儿。"

果然不出万全所料，病儿服了万绍的药，才一小杯，咳复作，气复促，血复来如初。其子泣曰："万先生药好些，爷请这人来，要毒杀我。"至此病情急转直下，眼看就有生命危险。胡元溪妻子"且怨且骂"，胡元溪本人也开始后悔。在这千钧一发之际，只好负疚再请万全。万全并不计较，诚恳劝说："早听吾言，不有此悔，要我调治，必去嫌疑之心，专负托之任，以一月为期。"结果花了十七天，把患儿病治好了。

此故事不仅在古代难能可贵，即便在今天，也不可多得。万全心怀宽广，情操高尚，将个人恩怨置之度外，一心拯救患者为务，堪称医之楷模。

医药大学堂
WWW.YIYAODXT.COM

（四）对国家卫生法律法规、相关政策的制定有推动作用

医药生产销售需要有严格的生产经营秩序和劳动纪律，特别是随着医药事业的发展，各种新工艺越来越精细，生产流程越来越规范，因此严格规章制度、一切按规程生产经营是维护生产秩序、确保安全生产、产品质量、患者安全的前提。同时，安全生产不仅关系到人民生命财产安全，也关系到企业行业乃至社会的稳定和谐。医药行业是高危险性行业，一些药品的生产涉及化学反应、发酵、提取等工艺，相应会产生一些易燃、易爆和有害气体，如果不严格执行操作程序，注意安全生产，就会出现事故。所以医药法律法规、相关政策的制定和贯彻执行就显得至关重要。

医药职业道德评价不仅是建立一些新的善恶、是非标准，还会根据时代特征和国家卫生方面的发展要求，建立符合科学发展、医学要求、紧跟时代的医学标准评价体系，以此有效地推动和影响国家卫生法律法规和相关政策的制定，健全国家公共卫生预防体系，给医学发展带来希望。

第二节　医药职业道德评价的标准与依据

案例讨论

【案例】 唐朝药王孙思邈外出采药，遇一只母虎张口拦路，随从以为虎欲噬人而逃，孙思邈却看出虎有难言之疾。原来这母虎被一长骨卡住了喉咙，是来拦路求医。孙思邈为其将异物取出，虎欣然离去。数日后孙思邈在返程中途经此地，那虎携虎崽恭候路旁向他致意。

【讨论】 1. 请结合所学知识分析和评价孙思邈救治猛虎的行为？

2. 你认为医患关系中最基本的特点是什么？

一、评价的原则和标准

医药职业道德评价是人们依据一定的医学、药学道德原则及标准，对医药职业中的个体或医疗卫生部门的医疗行为作出的道德价值及善恶是非的判断。医药学道德原则及标准属于约定俗成的社会意识形态，是医药行业共同遵守的行为准则和规范，对医药行业起着重要的约束作用。例如，要求医生应当救死扶伤、想患者所想、大公无私、敢于奉献、不求回报；执业药师应当遵守药品管理法律、法规，恪守职业道德，重视药品质量，科学指导用药等。评价医药人员职业道德应遵从以下原则。

（一）坚持医药产品质量第一、安全用药的原则

药品，是指用于预防、治疗、诊断人的疾病，有目的地调节人的生理机能并规定有适应证或者功能主治、用法和用量的物质，包括中药、化学药和生物制品等。药品管理应当以人民健康为中心，建立科学、严格的监督管理制度，注重药品质量，任何时刻都必须保障药品的质量安全。近年来，发生了多起医护人员用药不准导致的医疗纠纷，例如"重庆市某医院给儿童输液使用过期药品""湖北黄冈护士未经查对将甲硝唑当成碳酸氢钠为孕妇实施静脉输液"等案例，均造成了不良的社会影响，用药安全是关系到人身体健康的大事，是评价医药人员职业道德的首要

标准。

（二）坚持有利于患者疾病的缓解、痊愈和生命健康的原则

医学的天职是为解除患者病痛、促进患者健康，这是医药学科存在的根本目的，也是评价和衡量医务工作者行为是否符合道德要求以及道德水平高低的主要标志。它既是医疗标准，也是医德评价的重要标准，任何不利于患者解除痛苦和身体痊愈的医疗行为都是毫无意义的。"微笑医者"王哲君在医护工作中时刻为患者着想，不顾花甲老人的脏臭、不顾患者身体的残疾，一直微笑为患者服务，做到"大病当参谋、小病当医生、疾病当护理、顾客当亲人"，一切以患者的需求和疾病康复为先，在实际工作中把坚持有利于患者疾病的缓解、痊愈和生命健康的原则落到实际工作中，被国家医药管理局授予"全国医药系统劳动模范光荣称号。"

（三）坚持遵纪守法和敬业奉献的原则

守法，是指作为一名医药职业者，要严格地遵守现行的法律法规。医药行业是关系到人民生命健康的重要行业，国家制定了一系列医药法律规范以保障医药业的合法发展。不论是全国人民代表大会及其常务委员会制定的法律，还是国务院制定的行政法规，地方制定的规章制度，都是每一位医药职业者必须严格遵守的。守法既是医药职业道德的重要内容，又是医药职业道德的必然前提。医药职业者违法不仅会影响救治效果及药品的质量，严重者还会酿成大祸，给患者身体带来重大伤害，甚至会造成无法用经济手段弥补的后果。实际生活中，某些医药生产企业发生的重大伤亡事故，究其原因，大多数是生产操作人员不遵守安全操作规程、不遵纪守法所致。

医药行业是人命关天的特殊行业，敬业是对医务人员的基本要求。医药职业者若不能敬业，轻者不能治病、加重病情，重者致残、致畸、致死。医药行业的特点，要求医药职业者比其他行业的人要更加敬业。

（四）坚持符合人类普遍的道德准则和人道主义要求的原则

著名的哲学家卢梭曾说过："做一个自由的有道德的人，无视财富与物质而傲然自得，才是最伟大、最美好的。"

道德表现在医学的范畴里的便为"医德"，职业道德是社会道德的组成部分，属于社会意识形态范畴。而医护人员的行为必须符合人类社会基本的道德标准，例如尊重生命、热心救人、一视同仁、进德修业等，才能被人们所接受和推崇。

人道主义，是医药职业者的神圣天职，是医药职业者最起码的职业道德要求，是医药职业道德评价的基本原则。它的核心是最大限度地尊重人的生命。每位医药职业者都应尽可能去关心、尊敬、爱护、同情和帮助那些身受疾病痛苦、生命垂危的患者。实行人道主义，既是古今中外医药职业道德的优良传统，又是古今中外医药职业道德的精华所在。

（五）坚持有利于人类健康水平的提高和医学科学发展的原则

全心全意保障人民身体健康，为人民健康服务，实行服务奉献，是评价医药人员职业道德水平的重要原则。只有真正把患者的利益放在首位，待患者如亲人，急患者之所急，痛患者之所痛，医药职业者才能竭尽全力为患者服务；只有医药职业者拥有精湛的医药技术，才能真正做到全心全意为人民健康服务。

医药职业道德评价的标准中，坚持医药产品质量第一、安全用药是基本前提，是重中之重；坚持有利于患者疾病的缓解、痊愈和生命健康是首要条件，也属于疗效标准；坚持遵纪守法和敬

业奉献、符合人类普遍的道德准则和人道主义要求是基础保障，也是社会标准；坚持有利于人类健康水平的提高和医学科学发展是最终目的，更是科学标准。

二、评价的依据和手段

在哲学上，医药职业道德评价主要依据"医学行为动机与效果"和"医学行为手段和目的"两个方面，包括主观因素、客观因素、目的、效果。主观因素即动机，客观因素即效果，目的是医药职业人员有意识的行为而达到某种结果，手段则是医药职业人员有意识地用来达到行为结果所采取的方式和方法。

（一）医学行为动机与效果

1. 动机论 认为道德评价只能看行为动机，只能以动机为理论依据。代表主要是义务论者，如德意志哲学家康德、英国哲学家布拉德雷、儒家以及基督伦理学家。

2. 效果论 认为道德评价只能看行为效果，只能以行为效果为理论依据。代表主要是功利主义者，如英国功利主义哲学家边沁、约翰·穆勒、西季威克等。

在医药职业道德评价上，应该坚持哲学上的动机与效果辩证统一的观点，既要从效果上去检验动机，又要从动机上去看待效果，坚持具体问题具体分析。

（二）医学行为手段和目的

1. 目的决定论 认为评价人行为的善恶，只需要依据行为目的。

2. 手段决定论 认为评价人行为的善恶，只需要依据行为手段。一般情况下，目的决定手段，手段服从目的，没有目的的手段是毫无意义和价值的。同时，没有一定的手段相助，目的也是无法实现的。在评价医药行业人员的医德行为时，不仅需看其目的是否正确，还要看其是否选择了合适的手段。所以，应当坚持在医药人员职业道德的评价中，对医护人员作出的医疗行为和结果，全面分析其动机和效果、目的和手段之间辩证统一的关系。

当然，我国医药职业道德评价的标准和依据经长期的社会发展和医疗实践需要，也渐渐形成了一些不成文的、行业和民众默认的评价标准和依据。例如 2016 年 10 月 18 日中国执业药师协会发布《中国执业药师职业道德准则》规定：

一要坚持救死扶伤，不辱使命。执业药师应当将患者及公众的身体健康和生命安全放在首位，以自己的专业知识、技能和良知，尽心尽职尽责为患者及公众提供药品和药学服务。

二要坚持尊重患者，一视同仁。执业药师应当尊重患者或者消费者的价值观、知情权、自主权、隐私权，对待患者或者消费者应不分年龄、性别、民族、信仰、职业、地位、贫富，一律平等相待。

三要坚持依法执业，质量第一。执业药师应当遵守药品管理法律、法规，恪守职业道德，依法独立执业，确保药品质量和药学服务质量，科学指导用药，保证公众用药安全、有效、经济、合理。

四要坚持进德修业，珍视声誉。执业药师应当不断学习新知识、新技术，加强道德修养，提高专业水平和执业能力；知荣明耻，正直清廉，自觉抵制不道德行为和违法行为，努力维护职业声誉。

五要坚持尊重同仁，密切协作。执业药师应当与同仁和医护人员相互理解，相互信任，以诚相待，密切配合，建立和谐的工作关系，共同为药学事业的发展和人类的健康奉献力量。

第三节 医药职业道德相关的法律法规

案例讨论

【案例】2010年2月5日，原告诉称因影像学检查显示右下肺阴影，于是至被告处专家门诊就诊，诊断认为支气管肺癌，并安排原告入院。在被告医生向原告表示病理诊断和诊疗计划无差错、愿承担错误使用化疗药物法律责任的情况下，原告在被告处接受4周期GP方案化疗，每次均出现严重胃肠道反应和Ⅲ度骨髓抑制，身体健康受损，且右肺阴影并未缩小。6月初，原告按照被告要求服用特罗凯6个周期，后长期出现腹泻、皮疹、肝功能异常等毒副反应。被告在8月3日为原告行肺癌根治术，术中多处活检提示肉芽肿性病变，出院诊断为：右肺肉芽肿性病变。10月至11月，原告借出治疗前的肺部穿刺涂片至他院会诊，经诊断为阴性，未见可疑恶性细胞，原告此时才发现被告对原告误诊误治。原告认为，被告违反诊疗规范，导致误诊原告，错误让原告使用抗癌药物、行肺癌根治术，造成原告身体严重受损，故起诉要求被告赔偿医疗费、误工费、家属误工费、护理费、交通费、残疾赔偿金等30余万元。后人民法院审理认为，公民的生命健康权受法律保护。被告接受患者治疗，双方形成医患关系，被告应当对患者进行积极妥善地治疗，被告医疗违法行为与患者人身损害后果之间具有一定的因果关系。依照《中华人民共和国侵权责任法》第十六条、第五十四条之规定，判决如下：

一、被告于本判决生效之日起十日内赔偿原告医疗费、误工费、护理费、交通费、住院伙食补助费、营养费、复印打印邮寄费，共计138260.50元；

二、被告于本判决生效之日起十日内赔偿原告精神损害抚慰金20000元。

【讨论】1. 此案中被告的行为是否违反了医疗职业道德标准？如何评价其医德行为？

2. 请分析此案医生行为是否已经违法？

一、道德与法律的关系

（一）法律

法（又称"灋"）相传其来源于神兽"解廌"（獬豸），解廌具有很高的智慧，懂人言知人性。它怒目圆睁，能辨是非曲直，能识善恶忠奸，发现奸邪，就用角把他触倒，因其能辨曲直，又有神羊之称，是勇猛、公正的象征，更代表司法"正大光明""清平公正"。法律是国家制定或认可并由国家强制力保证实施的，反映统治阶级意志的规范体系。它是统治阶级意志的体现，是阶级统治的工具。

卢梭曾说："所有法律中的第一条就是要尊重法律"法律至上是法治国家的基本特征，它无可争辩地表明了法律在治理国家中的地位和作用，医药卫生领域的法律法规也同样在社会生活中产生着不可替代的指引、评价、预测、强制作用。

1. 指引作用 是指法律作为一种行为规范，为人们提供某种行为模式，指引人们可以这样行为、必须这样行为或不得这样行为，从而对行为者本人的行为产生影响，即法的指引作用是通过规定人们的权利和义务来实现的。例如《中华人民共和国执业医师法》第三十九条规定"未经批准擅自开办医疗机构行医或者非医师行医的，由县级以上人民政府卫生行政部门予以取缔，没收其违法所得及其药品、器械，并处十万元以下的罚款。"

2. 评价作用 是指法律对人们的行为是否合法或违法及其程度具有判断、衡量的作用，也就是说，法的评价作用涉及的是法的律他作用，即对他人的行为的评价，这是区别指引作用（涉本人的行为）和评价作用（涉他人的行为）的关键所在。例如《中华人民共和国传染病防治法》十二条规定"在中华人民共和国领域内的一切单位和个人，必须接受疾病预防控制机构、医疗机构有关传染病的调查、检验、采集样本、隔离治疗等预防、控制措施，如实提供有关情况。疾病预防控制机构、医疗机构不得泄露涉及个人隐私的有关信息、资料。卫生行政部门以及其他有关部门、疾病预防控制机构和医疗机构因违法实施行政管理或者预防、控制措施，侵犯单位和个人合法权益的，有关单位和个人可以依法申请行政复议或者提起诉讼。"

3. 预测作用 是指人们可以根据法律规定事先估计到当事人双方将如何行为及行为的法律后果，也就是说，预测作用的对象是人们相互之间的行为，这里的人们应作广义的理解，即包括国家机关的行为。例如《刑法》第 336 条第 1 款"非法行医罪，是指未取得医生执业资格的人非法行医，为他人治病，情节严重的行为。"这就使得大家触犯法律底线的时候应该知道要付的责任和刑罚。

4. 强制作用 是指法为保障自身得以充分实现，运用国家强制力制裁、惩罚违法行为的作用，也就是说，法的强制作用只能是针对违法犯罪人的行为，如果没有违法犯罪行为的发生，法的强制作用就不能显现。例如在公民没有因为违法被剥夺政治权利的时候，他必定在法律允许的范围内下拥有选举权和被选举权。

（二）道德

"道生之，德畜之，物形之，势成之。是以万物莫不尊道而贵德。道之尊，德之贵，夫莫之命而常自然。"道德是社会意识形态之一，汉语中最早可追溯到先秦思想家老子所著的《道德经》一书。其中"道"指自然运行与人世共通的真理；"德"是指人世的品行、德行，也可指遵循道的规律、道的真谛以求自身发展变化的事物。原本道与德是两个词语，并没合并。二字开始连用见于荀子《劝学》篇："故学至乎礼而止矣，夫是之谓道德之极"。在西方古代文化中"道德"（Morality）一词是起源于拉丁语的"Mores"，代表风俗和习惯的意思。《论语·学而》："其为人也孝弟，而好犯上者，鲜矣；不好犯上，而好作乱者，未之有也。君子务本，本立而道生。"钱穆先生解释为："本者，仁也。道者，即人道，其本在心。"根据其表达意思，"道"是人对世界的看法，也可称之为世界观的范畴。

道德主要通过教育和社会舆论的力量，使人们逐渐形成一定的信念、习惯、传统而发生作用，也可分为社会公德、职业道德以及婚姻家庭道德等。它是由一定社会的经济基础所决定并为之服务并在一定的物质条件下，依靠内心信念、社会舆论和传统习惯来表达的，借以评判人们的思想和行为是善与恶、好与坏、优与劣、光荣与耻辱、正义与邪恶、公正与偏见、诚实与虚伪、野蛮与文明等原则及规范的综合体。

（三）道德与法律的关系

法律是最低的道德，道德是最高的法律。任何时代、任何国家的法律都来源于道德，但却比道德更为严格。道德与法律自古以来是两个不可分割又相互联系的整体，它们虽属于不同范畴，调整着不同领域的社会关系，但两者既相互区别，又相互渗透、互相支持、互相转化、相辅相成。在依法治国的大背景下，法律与道德的有机结合、协同发展，是新时代建设中国特色社会主义的必由之路。

> 📺 **课堂互动**
>
> 　　请讨论，生活中的以下行为属于道德还是法律范畴？
> 　　1. 小王上班不按照单位规章制度所限时间，经常迟到早退，且经领导教育后仍不改正。
> 　　2. 小张在大学食堂打饭，从不排队，经常的插队行为让同学们感到不满。
> 　　3. 小刘同学在高中期间，偷走同学手机一部，价值人民币 5000 元。
> 　　4. 小朱外出玩耍期间，与他人产生口角继而发生争斗，小朱寻衅滋事，故意挑衅，被打成重伤，后被医生诊断为颅内出血。

二、我国医药行业的法律法规

（一）法律与法规的区别

在我国，"法律"和"法规"是两个不同的概念，两者的制定机关、法律效力、立法权限都不尽相同，不可笼统混淆。

法律，是指由我国最高权力机关——全国人民代表大会及其常务委员会依照立法程序制定，由国家主席签署主席令正式公布的规范性文件。宪法是我国的根本大法，而法律的效力仅次于宪法，一般最后都以"法"字命名，如《中华人民共和国刑法》《中华人民共和国行政法》《公民出入境管理法》《中华人民共和国传染病防治法》等。

法规，是法律效力相对低于宪法和法律的规范性文件，一为国务院及其所属政府部门根据宪法和法律规定进行制定和颁布的行政法规；二为省、自治区、直辖市人大及其常委会根据本行政区域的具体情况和实际需要制定和颁布的地方性法规；三是较大的市（省会、首府）的人大及其常委会制定的地方性法规（须报省、自治区人大常委会批准后施行）。如《征兵工作条例》《血液制品管理条例》《中外合资经营企业劳动管理规定》《城市生活无着落的流浪乞讨人员救助管理办法》等，通常会在名称后面加上"条例""办法"等。

（二）医药职业道德是卫生法律、法规的来源和基础

"法律是最低的道德，道德却是法律的来源和基础"。不论是全国人大及其常委会制定的法律，还是由国务院制定的医疗行政法规，其依据的标准大多来自道德，但却比道德更为严格和具体。例如，在社会工作中，医药工作人员有救治患者且为患者病情保密的道德要求，这也是评价其医德的重要标准；而在《民法典》第一千二百二十六条中同样规定"医疗机构及其医务人员应当对患者的隐私和个人信息保密。泄露患者的隐私和个人信息，或者未经患者同意公开其病历资料的，应当承担侵权责任。"由此可见，医药职业道德与卫生法律法规之间是相互对应和联系的。

（三）我国医疗卫生相关法律法规

为保证药品使用者的安全与健康，世界各国政府及其有关管理部门都通过立法、制定行政规

章和标准等方式对药品实施严格的质量管理和控制。我国医疗卫生相关法律是由宪法、法律、行政性法规等众多的法律文件组成，是医疗卫生法律规范的总和。因为长期以来，由于医疗领域的特殊性，以及与卫生有关的法律法规数量繁多、内容繁杂、预见性难度大等各种情况所限，目前该领域缺乏一套相对独立的法律体系。

我国与医药卫生行业相关法律有《中华人民共和国食品卫生法》《中华人民共和国药品管理法》《中华人民共和国国境卫生检疫法》《中华人民共和国传染病防治法》《中华人民共和国红十字会法》《中华人民共和国母婴保健法》《中华人民共和国献血法》《中华人民共和国执业医师法》等单行法；此外，《中华人民共和国刑法》也有关于医疗犯罪、非法行医的相关规定；2020年5月28日，十三届全国人大三次会议表决通过的《中华人民共和国民法典》第七编第六章中对"医疗损害责任"作出了新的规定，提出例如"医疗伦理损害责任、紧急医疗措施、医疗技术损害责任"等情况的法律处理规定。

我国与医药卫生行业相关法规有《医疗事故处理条例》《医疗机构管理条例》《血液制品管理条例》《中华人民共和国母婴保健法实施办法》《中华人民共和国传染病防治法实施办法》《中华人民共和国药品管理法》等。

医药行业的健康发展，离不开法治的护航。作为医药行业从业人员，应提高法律修养，树立正确的法治观念、坚定法律信仰，掌握一定的法律知识和较强的法律运用能力，并养成自觉守法的习惯。在日常生活和工作中，从我做起，从小事做起，自觉以法治思维和法治方式去履行职责，并将法治意识融入自己的世界观、人生观、价值观之中，真正做到"有法可依、有法必依、执法必严、违法必究"。

三、医疗职业道德与相关法律法规

医药职业道德评价标准是在实践过程中逐渐形成并被大家接受和认可，而国家颁布各项卫生方面的法律法规，是为规范医疗行为和医疗操作流程而采取的强制性措施。医疗法律法规和职业道德两者相互补充、相互促进、相辅相成，都起着规范医疗行为的作用。

习近平总书记说："法律的权威源自人民的内心拥护和真诚信仰。"作为一个合格的医务工作者，遵照医德与遵守法律同等重要，高尚的医德是遵法守法的前提，法律法规的约束更有利于高尚医德的养成。广大医药工作者要在医德指引下、在法律鞭策下，始终坚持把人民群众生命安全和身体健康放在第一位，忠实于自己的神圣职责，才能全心全意为人民做好服务。

实训七　医疗机构医药职业道德评价调查实践活动

【实践目的】

1. 复习医药职业道德评价相关学习内容。

2. 利用假期时间，实践调查当地医疗机构医药职业道德在人民群众中的满意评价程度。

【实训准备】

1. 地点　当地各医疗机构（各医院、个别乡镇卫生所、社区卫生服务站）。

2. 形式　填写调查问卷并回收总结。

【实训步骤】

1. 参考相关文献，提出相关调查问题，设计调查问卷，问卷的内容应包括患者对治疗情况的满意程度、看病便民的服务情况、药品管理的严格程度、患者用药康复时间、医药人员的责任、耐心、细心程度等内容。

2. 可以寝室为单位，5~7 人一组，设立组长、问卷分发员、数据分析员、实地调研员等，分组到各级医疗机构通过问卷调查、访谈、实地走访等方式进行医药职业道德评价情况的调查。

3. 待调查完毕，回收并整理有效问卷，分析整理数据统计，完成调查报告。

4. 分析调查报告结果，发现医药职业道德评价在当地医疗机构存在的问题，并尝试提出解决途径。

本章小结

　　医药学道德原则及标准是一个约定俗成的社会意识形态，是医药行业共同的行为准则和规范，对医药行业起着重要的约束作用。医药职业道德评价是医务人员行为、医疗卫生保健单位活动的监视器和调节器，是维护医德原则、规范和准则的重要保障，能使医德原则、规范和准则转化为医务人员行为和医疗卫生保健单位活动的中介和桥梁，医药职业道德评价标准应当以药品质量为重、以患者健康为目的、以人道主义道德为准、以科学发展为先；"法律是最低的道德，道德却是法律的来源和基础"，广大医药工作者要在医德指引下、在法律鞭策下，始终坚持把人民群众生命安全和身体健康放在第一位，忠实于自己的神圣职责，才能全心全意为人民做好服务。

习题

题库

一、选择题（单选题 1~5，多选题 6~8）

1. 医药职业道德中关于法律与道德的说法正确的是（　　）。

　　A. 法律来源于道德，道德高于法律

　　B. 道德要靠法律才能被遵守，法律是最高的道德

　　C. 对于医药人员而言，遵守法律和遵守道德同等重要

　　D. 对于医药人员而言，评价其职业道德比遵守法律更重要

2. 在动机和效果不一致时，评价医药人员职业道德应坚持（　　）。

　　A. 以客观效果为唯一依据的效果论

　　B. 以主观意愿为主要依据的动机论

　　C. 以患者及家属的反映为依据的反映论

　　D. 以医德原则及要求为依据的原则决定论

　　E. 以深入分析整个医疗工作全过程为原则的全面分析论

3. 医学行为动机和效果之间的关系，正确的是（　　）。

　　A. 相同的医学行为动机，必然导致相同的医学行为效果

医药大学堂
WWW.YIYAODXT.COM

B. 好的医学行为动机，一定会导致好的医学行为效果

C. 好的医学行为动机，可能导致不好的医学效果

D. 在行为评价时，只注重行为的动机

E. 在品德评价时，只注重行为的效果

4. 医药职业道德评价标准和体系在我国的演变和发展历史源远流长，有着深刻的（　　）烙印。

A. 时代   B. 年代

C. 国家   D. 统治阶级

5. 《中华人民共和国献血法》规定，我国实行（　　）。

A. 有偿献血制度   B. 义务献血制度

C. 无偿献血制度   D. 卖血制度

6. 医药职业道德评价的标准是（　　）。

A. 是否坚持医药产品质量第一、安全用药的原则

B. 是否坚持有利于患者疾病的缓解、痊愈和生命健康的原则

C. 是否坚持遵纪守法和敬业奉献的原则

D. 是否坚持利益第一、准时下班

7. 关于医药职业道德评价说法正确的是（　　）。

A. 作为医生要尽心尽责，不能自私自利

B. 执行药师要注重药品质量，检查医生处方并分发药品给患者

C. 对于不能理解自身病情的患者，医护人员没必要多做解释

D. 评价医药人员的职业道德，只看救治患者结果

8. 我国与医药卫生行业相关法律有（　　）。

A. 《中华人民共和国食品卫生法》

B. 《中华人民共和国药品管理法》

C. 《中华人民共和国国境卫生检疫法》

D. 《中华人民共和国传染病防治法》

二、简答题

1. 请阐述医药职业道德评价的作用和意义。

2. 请说明"医疗事故罪"与"医疗事故"之间的区别。

3. 请说出至少 5 部与医疗行业相关的法律法规。

第八章　医药职业者综合素养

学习目标

知识目标

1. 掌握医药职业者从业规范具体内容。
2. 熟悉医药工作的日常行为规范。
3. 了解医药行业从业的素质要求。

技能目标

1. 能运用行为规范提升职业道德意识。
2. 具备医药职业者职业综合素养。

夫医者，非仁爱之士不可托也；非聪明达理不可任也，非廉洁淳良不可信也。

——〔晋〕杨泉《物理论》

第一节　医药职业者从业规范

医药行业关系到人民的健康和生命，对所有从事医药职业的人有着特殊的职业道德要求，要求医药职业者都应该履行从业规范，热爱医药工作。

案例讨论

【案例】18 个月的患儿感冒发烧后，医生给他开了一盒泡腾片，但未告知家长如何用药。使用时，患儿的母亲将直径约 6mm 的泡腾片塞进患儿嘴里并喂水送服，不料仅 10 多秒后，孩子便出现剧烈抖动、咳嗽、嘴唇发紫的情况，在家长催吐、拍背无果后患儿立即被送往医院。虽经全力抢救，但患儿最终因为窒息导致缺氧时间过长，抢救无效死亡。突如其来的意外，让患儿家人实在难以置信：一颗小小药丸的威力真的有这么大吗？

泡腾片属于一种特殊的剂型，服用时应先加水充分溶解，待气泡消失时再饮用。因为泡腾片在崩解时会产生大量的气泡，能增加药物和病变部位的接触面积以更好地发挥药效。但是如果直接将药物吞服或溶解不充分时服用，大量气体将在泡腾片吞服崩解后急剧充斥气道，则会有导致患者窒息的风险。

所以，服用本类药物必须做到：①药物必须用水充分溶解或消泡后再饮用；②不可直接服用或含服；③幼儿不可自行服用。在服用泡腾片时可先取半杯（100～150ml）凉开水或温开水，将一次用量的药片投入其中，待气泡完全消失后，即药物全部溶化，摇匀后服下。

PPT

【讨论】1. 作为医药职业者，如何承担起用药安全的责任？
　　　　2. 在为儿童配药时，你认为有哪些需要注意的地方？

一、用药规范

药品关乎生命，用药首问安全。必须以患者为中心，对药品质量负责、保证患者用药安全有效，否则不但不能发挥药物的疗效，还会引起药物不良反应后果。作为医药职业者，必须规范用药，合理选择药物，个体化给药，履行用药后监测职责，提高患者对药物的依从性，保障用药安全、有效，向患者提供较为专业又通俗易懂的用药指导。

（一）合理选择药物

在选择药物时，医药职业者要根据患者的病史、用药史以及实际病情作出判断，合理选择药物，避免患者出现不良反应，提高药物治疗效果。若患者年龄较小、较大、体重较轻或抵抗力较差，在确定药量时，可酌情调整用药剂量。患者在服用药物期间，及时跟踪沟通，保证患者的用药安全，避免药物服用意外事故。合理选择药物，还应不乱开处方和开大处方，保健性或营养滋补性等自费性药品用药应当征得患者同意，避免造成不应有的经济负担。

（二）个体化给药

个体化用药，就是药物治疗"因人而异""量体裁衣"，在充分考虑每个患者的遗传因素（即药物代谢基因类型）、性别、年龄、体重、生理病理特征以及正在服用的其他药物等综合情况的基础上制定安全、合理、有效、经济的药物治疗方案。采用适合的用药方式，确定用药疗程，提高药物治疗效果，保证患者的用药安全。

（三）用药后监测

给予患者药物前，医药职业者需要对患者进行基本咨询服务，让患者意识到监测药物的重要性，避免意外事件发生。

患者用药后，医药职业者更要加强监管，监测患者用药后有无出现适应证、遴选药品、药剂剂型或给药途径、用法用量、联合用药等是否适宜，有无重复用药、有无配伍禁忌、是否发生不良反应、更换药品是否适宜以及其他用药不适宜等情况。

（四）提高药物依从性

对于依从性较差的患者，职业者应与其进行积极沟通，并详细介绍服用药物的效果、作用以及服用的剂量，拉近与患者之间的关系，使患者能积极配合治疗，保证用药的安全。如临床医学上，患者服用精神类药物需要被告知谨慎出行，预防跌倒。医药职业者要注意患者的用药情况，并与患者展开积极沟通，告知其服用药物之后可能产生的反应，避免患者因不良反应的出现而产生紧张情绪，如有条件可以与慢性病患者在线下进行沟通交流，并提醒患者用药周期。

二、资格准入

医药事业事关国家发展大局，为更好地为人民群众健康服务，医药行业实行严格的标准准入制度，以确保国家医药人才队伍质量，确保国家医药事业高质有序发展。

（一）医疗机构准入

为规范医疗机构处方审核工作，促进临床合理用药，保障患者用药安全，国家卫生健康委员会等三部门联合制定了《医疗机构处方审核规范》，规范指出，药师是处方审核工作的第一责任人。想要在医疗机构进行处方审核、调剂就必须取得相应的证书方可上岗。从事处方调剂工作需取得药学专业技术资格；从事处方审核的药学专业技术人员应取得药师及以上药学专业技术职务任职资格，并具有 3 年及以上急诊或病区处方调剂工作经验，接受过处方审核相应岗位的专业知识培训并考核合格。

∞ 知识链接

执业药师

执业药师是指经全国统一考试合格，取得中华人民共和国执业药师执业资格证书并经注册，在药品生产、经营、使用和其他需要提供药学服务的单位中执业的药学技术人员。

中华人民共和国人力资源社会保障部自 2018 年 5 月起发放、启用新版专业技术人员职业资格证书。新旧两版证书除了外观有差异外，证书的内容增加防伪标识及管理号码，实现一证一号，有效防止证书信息被盗取或非法篡改。方便专业技术人员职业资格证书的管理，实现信息化管理、证书信息资源共享，提高证书管理工作效率。

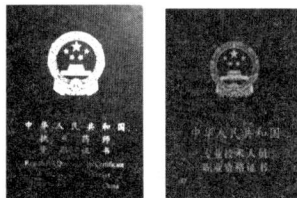

旧版　　新版

（二）医药经营准入

我国在医药经营方面准入门槛较高，根据《中华人民共和国药品管理法》《中华人民共和国药品管理法实施条例》规定，医药经营除了有一般企业的工商注册外，必须获得药品经营许可证。

《药品经营质量管理规范》第一百二十五条和第一百三十七条规定：企业应当按照国家有关规定配备执业药师，负责处方审核，指导合理用药。处方审核岗位的职责不得由其他岗位人员代为履行，要严格执行药品采购、验收、保管、供应等各项制度规定，不私自销售、使用非正常途径采购的药品，不违规为商业目的的统方。经营处方药、甲类非处方药的药品零售企业，必须配有执业药师或者其他依法经过资格认定的药学技术人员。

（三）医药生产准入

我国医药行业属特许经营行业，医药行业的各个运行环节均受国家行政管理部门的严格管制。想要从事医药生产，药品生产企业必须取得药品生产许可证、药品注册批件等法定证书或文件。医药生产的各个岗位有不同的职责要求，从业者一般需具备药学、药物制剂技术和生物制药技术等方面的基本理论知识和基本实验技能。

三、履行职责

医药职业者职业工作的底线是能够担当并完成医药职业工作。随着经济社会的发展，药品种类、数量的不断增多，用药出现的不良反应事件也越来越多，与健康有关的用药问题更是层出不穷。相较于其他行业，医药职业者的药剂调配、处方审核、药品不良反应监测职责较为特殊，不仅关系老百姓的用药需求和用药安全，更是医药流通环节中最重要的一环。因此，严格履职对促进临床合理用药，保障药物质量和合理使用方面具有重要作用。

（一）药剂调配

作为医药职业者，应认真履行处方调剂职责，坚持查对制度，按照操作规程调剂处方药品，不对处方所列药品擅自更改或代用。

1. 调配西药处方 收到处方后应对处方进行"四查十对"，即查处方、查药品、查配伍禁忌、查用药合理性；对科别、姓名、年龄，对药名、剂型、规格、数量，对药品性状、用法用量，对临床诊断。对处方上两种药物相互之间相互作用可能的影响作出判断（如药物的敏感化现象、不良反应等）。经过认真审查后才能调配。

对药名书写不清、药味重复、对规定必须做皮试的药物，处方医师是否注明过敏试验及结果的判定等情况，要向患者说明情况，对有潜在临床意义的药物相互作用和配伍禁忌或者超剂量的处方应当拒绝调配销售，必要时，经处方医师更正或重新签字，方可调配、销售。

2. 调配中药饮片处方 在调配中药饮片处方时，应认真核对处方的姓名、性别、年龄、日期、品名，并检查是否有"十八反""十九畏"配伍禁忌的存在。特殊人群用药、别字、错字、毒性药品的处方要辨别清楚。按照"君、臣、佐、使"的顺序排列进行调配。如处方有特殊煎煮要求（如布包煎、先煎、后下），应当在药品右上方注明并加括号，并向患者讲明煎煮方法；对饮片的产地、炮制有特殊要求的，应当在药品名称之前写明。调配处方完成后，处方交给执业药师逐一核对并签字，核对完成后打包交给患者。

3. 保证药品质量 配方时必须使用符合药用规格的原料及辅料，不得将假药、劣药调配给患者。

4. 毒性药品管理 医疗用毒性药品、危险化学药品的贮藏管理需要严格遵守《医疗用毒性药品管理办法》及《中华人民共和国药品管理法》相关规定。

（二）分类管理

我国对药品实行处方药和非处方药分类管理制度。根据药品品种、规格、适应证、剂量及给药途径不同，对药品分别按处方药与非处方药进行管理。处方药必须凭执业医师或执业助理医师处方才可调配、购买和使用；非处方药不需要凭执业医师或执业助理医师处方即可自行判断、购买和使用。坚持药品分类管理有利于保障人民用药安全有效；有利于医药卫生事业健康发展，推动医药卫生制度改革，增强人们自我保健、自我药疗意识；有利于逐步与国际上通行的药品管理模式接轨，加强国际学术交流，提高用药水平。落实执行药品分类管理制度，是医药职业者义不容辞的责任。

（三）不良反应监测

药品不良反应监测工作是药品上市后安全监管的重要支撑，其目的是及时发现、及时控制药品安全风险。《药品不良反应报告和监测管理办法》中规定国家实行药品不良反应报告制度，国家鼓励公民、法人和其他组织报告药品不良反应，医药职业者更有义务自觉执行药品不良反应报告制度。药品不良反应报告增加意味着掌握的信息越来越全面，对药品的风险更加可控，对药品的评价更有依据，监管决策将更加准确。在医疗实践中，能及时了解药品不良反应发生的表现、程度，并最大限度地加以避免，也是保证医疗安全的重要措施。

加强药品不良反应监测，应自觉执行药品不良反应报告制度。国家鼓励公民、法人和其他组织报告药品不良反应，医药职业者更有义务自觉执行药品不良反应报告制度。

第二节　医药职业者素质要求

案例讨论

【案例】2019年"寻找身边最美药师"称号获得者陆萍，在平时的工作中很注重专业精神，每次都尽可能地给顾客讲清楚药品的适应证、禁忌证及不良反应等。不仅如此，她还乐于将自己所学的健康知识传播给顾客。

陆萍不仅有扎实的业务水平，在服务方面也一直热情周到、深得顾客喜爱。一次，一位老奶奶到店里向陆萍作用药咨询。她首先询问了老人的日常情况，得知老奶奶患有慢性胃炎，她根据发病症状和特点给出了合理化的建议，还告诉老人饮食要规律，注意胃部保养，睡前最好喝一杯牛奶。老人对陆萍的讲解非常满意。

不仅如此，陆萍还是"全国五一劳动奖章"的获得者。一天，有一位年纪比较大的阿姨感觉身体不舒服，坐在店里休息。陆萍主动上前询问，阿姨说有点头晕恶心。陆萍了解其曾经有心脏病史后，立即联系其家人，并给她服用了药物，之后一直在身边密切观察顾客的情况。就在等待家属的过程中，顾客突然脸色发白、呕吐，从椅子上滑了下来。情况危急，陆萍立即进行急救，同时让同事拨打120。急救车到了之后，陆萍和同事又向急救医生诉说了病情。由于处理得当，顾客转危为安，医生说："还好抢救及时，不然患者会有生命危险。"

"给每一位顾客提供优质的服务是我工作的奋斗目标。"正是这样一句朴实而真诚的话语，陪伴陆萍走过了多年药学服务之路。陆萍总说："我做的没什么，我很平凡。"陆萍工作中的一件件小事，确实是平凡的、不起眼的，但正是这些小事，构成了她身上的闪光点。

【讨论】1. 陆萍的故事带给我们怎样的启示？

2. 你认为作为医药职业者需要哪些素质？

医药行业作为关系民生和社会安定的重要行业在21世纪的今天发挥着越来越重要的作用，与此同时对医药职业者的职业素质要求标准也将会越来越严格。广大医药工作者要树立远大理想，自觉将个人的职业发展规划与祖国医药事业发展紧密联系在一起，努力培养职业素质，提高职业能力。

一、沟通能力

沟通是人和人之间通过语言或非语言的方式传递和理解信息、知识的过程。是了解他人思想、情感、观点及价值观的双向途径。简单来说，沟通就是信息的交流，是一种能力。良好的沟通能力是处理好人际关系的关键，具有良好的沟通能力不仅可以使人很好地表达自己的思想和情感，而且还能获得别人的支持和理解。特别在医药职业工作中，沟通是做好工作的重要因素。沟

PPT

微课

通能力一般分为以下四个层面。

（一）表达能力

想要拥有良好的沟通能力，就先学会表达。表达能力的核心是自信。一个人的自信主要来源于几个方面，性格、形象、知识、财富、语言表达能力。有人天生可以建立强大的自信，但不具备先天优越感的人应从以下几个方面建立自信。首先突破自己的性格，从心态上改变自己。在工作中感觉和患者沟通不畅，就要有意识、有目的地培养自己表达的水平，要敢于挑战自己。其次转变说话方式，当与患者沟通交谈时使用更为委婉、和煦的语言表达，体现出医药职业者对患者的人文关怀。最后为每次沟通做好充分的准备，让自己的表达更具说服力。没有人天生善于表达自己，表达能力可以通过长期刻意训练来提高。

（二）理解能力

理解能力是指一个人对事物乃至对知识的理解的一种记忆能力，也是对新信息的实时处理能力。理解能力本质上是学习能力的体现，没有知识就无法理解、消化、吸收接受的信息。

理解能力包含以下几个方面：整体思考的能力；洞察问题的能力；想象力、类比力；直觉力；解释能力。能够从整体出发，从全局考虑，不断思考和解决问题，运用想象和类比的方法，对经验现象进行解释。

（三）控制能力

控制能力指的是能在沟通中控制自己言行的能力。

1. 计划原则　在工作中没有时间计划的沟通通常会给人带来困扰。沟通前应考虑到底需要什么样的沟通结果，如何展开一段对话。在既完成工作任务的同时不损害沟通对象的利益，成就双赢的局面。

2. 成功原则　职场中沟通的目的应是对沟通对象有利而无弊，在沟通前自查是否能让沟通对象的需求得到满足，否则无法达成应有的目标。

3. 正向沟通原则　正向沟通就是在沟通时采运用正面、积极、肯定的沟通态度，站在对方的角度思考、分析对方的具体需求和性格特点，然后在提出建设性意见的时候，别人往往就很好接受。在沟通时言辞应当正面，让人如沐春风。

（四）影响能力

影响能力是能改变他人的心理认知、决策、言行的能力。随着沟通能力不断提升，往往能在潜移默化中影响到沟通对象的决策。在沟通时可以通过帮助他人、从他人利益出发、积累高质量沟通素材等方式来加强影响力。例如多用赞美和欣赏的语句能改变沟通对象的感受，因为赞美往往会激发听者的自豪和骄傲感，从中了解自己的优点和长处，认识自身的生存价值，从而融洽和谐人际关系，创造美好的心境，更易达成应有的沟通效果。

二、学习能力

俗语说"活到老，学到老"，终身学习是知识经济时代的基本特征之一，尤其是医药领域产品科技含量较高，行业准入门槛不断提高，竞争较为激烈，医药职业者尤其需要不断勤奋学习、终生学习，在具有医药专业技能的同时，更要有前瞻的视野和完善的知识体系。只有学好专业知识，拓展自身技能，成为复合型人才，挖掘和发挥自身的潜力，才能在本行业中凸显核心优势，找到真正属于自己的位置。用人单位更青睐的学习能力如下。

（一）岗位能力

医药行业对专业知识技能要求较高，想要尽快步入工作轨道，扎实的专业基础和深厚的知识底蕴必不可少。在校成绩是否突出、是否在本专业之外学习了其他的课程或技能、对自己的行业发展是否有自己的见解都更能为自身的岗位能力锦上添花。

（二）具有一定实践技能、社会阅历

在校期间，大学生往往更专注于专业知识的学习，对实习过程和实践技能的掌握略有欠缺，但这正是用人单位所看重的。想要从事医药行业，在校期间就应积极参加社会实践活动，充分利用课余时间做一些和专业相关或者与未来从事行业有关联的工作，提升自己的工作技巧，积累丰富的实践经验。同时，参加社会实践活动可以加深对社会的认知，不断增强社会适应能力和社会责任感。

（三）主动学习能力

在医药行业内，主动学习、边做边学、实践学习、随时学习才能较快适应行业发展节奏，把握先机。例如利用碎片化时间关注医药行业最新动态；随时了解行业政策变动、药监变化，学习食品、药品、医疗相关法律法规；通过网络课程补充学习所需知识；有目的性地去了解感兴趣的医药企事业单位等。

古人云"术业有专攻"，想要在激烈的岗位竞争中脱颖而出就必须有自己的优势，而学习是唯一的途径。作为一名医药职业者，要想在工作中有所创新、有所进步，一定要主动学习，热爱医药事业，忠于职守，不满足已有的成绩，不计较个人名利，把医药事业的需要当成自己奋斗的目标，这样理想终究会逐步变为现实。

三、吃苦耐劳

习近平总书记在全国劳动模范和先进工作者大会上提出"爱岗敬业、争创一流、艰苦奋斗、勇于创新、淡泊名利、甘于奉献"的劳模精神。能吃苦是人生宝贵的精神财富之一。古代医药学家认为，只有真正做到精勤不倦，理明而求精，才能真正做到仁爱救人。青年医药职业者选择吃苦就选择了收获，选择奉献就选择了高尚。

当然一味盲目吃苦，只是在走弯路。真正的吃苦是在吃苦后还有相对应的收获，例如知识、财富、技能、经验等，吃苦耐劳是为了实现奋斗目标而做出的不懈努力。医药职业者个人的职业发展离不开勤劳、勤奋和主动、自觉，勤业态度和勤业行为是走向职业成功的基本保证。

"业精于勤而荒于嬉"，任何职业者看似偶然的成功，都必然要以勤奋、努力为基础。作为中国医药行业接班人，医药职业者只有克服实际困难，努力奋斗，秉持吃苦耐劳的精神，勤勉上进，才能促进医药行业的健康发展，才能为患者提供安全、有效的药品和服务。

四、心理调适

心理调适是使用心理科学方法对心理活动进行调节，以保持或恢复正常状态的实践活动。现代心理学研究表明，情绪在人们的心理活动中起重要作用，支配着个体的思想和行为。

医药行业竞争压力较大，安稳的工作通常薪资待遇较低，高薪工作较累、压力较大，学历与

薪酬基本成正比。医患关系紧张，会使医药职业者的工作满意度、幸福感受到影响。反之，医药职业者面临的心理压力和不适又外在表现为对患者漠不关心、缺乏共情及热情，继而又加深了医患关系的紧张。

因此，合格的医药职业者应管理好自己的情绪，努力挖掘医药职业中的乐趣，保持情绪稳定，不心浮气躁，不好高骛远，认真扎实地做好本职工作。

五、服务意识

服务意识，是指服务人员自觉、主动、发自内心地提供服务的观念和愿望。服务意识不仅是医药职业的需要，也是医药行业竞争与职业者个人发展的需要。因此作为医药职业者需要有服务意识。

（一）对患者表示热情、尊重和关注

患者希望在接受服务的过程中能感受到医药职业者对其尊重、热情、诚信、负责的优良态度。患者在表达出需求后，医药职业者应在第一时间就对他们的需求作出迅速响应。

（二）帮助患者解决问题

患者咨询和求助最根本的目的是期待能够妥善解决他所提出和所面临的种种问题，因此医药职业者应坚持以患者为中心，耐心周到、体贴入微、周到服务。

（三）设身处地为患者着想

医药职业者想要提供优良服务，令患者满意，需设身处地为患者着想。

在医药零售岗位，医药职业者可以规范化地为消费者提供用药指导，以服务来提高消费者的用药依存度；关注老年患者特殊需求，提供放大镜、老花镜等工具；建立消费者药历或消费者用药档案；为慢性病患者提供健康计划，长期给配相关药品；严格处方审核制度，坚守行业原则和底线，保障生命安全以及用药信息准确。

在医药生产制造环节，医药职业者可以为人们提供更为优惠和优质的药品；注重特殊群体的需求，为特殊人群设计不同剂量的药品；保障药品品质稳定性和安全性及使用便利性；设计药品儿童安全包装；增设针对残障虚弱患者的功能障碍设计的识别信息等。

这些服务不仅有利于改善医药与人之间冰冷的关系，实现情感的链接，还有利于增强患者病愈的信心，起到辅助心理治疗的作用。

文明服务、热情服务是医药职业道德的重要内容之一，是社会文明行为的组成部分。医药服务的广泛开展，可以推动良好的社会文明行为，丰富精神文明建设的内容，促进社会风尚的改善。随着人们对医药服务的认识加深和信息技术、互联网技术的发展，医药服务将为人类健康作出新贡献。

第三节 医药工作日常行为规范

一、仪容仪表仪态

想要规范医药服务行为、树立良好的服务形象、提升医药服务意识，首先需要医药职业者向患者呈现精力充沛、头脑清醒、笑容满面的精神面貌，拥有美观得体的仪容仪表仪态。

PPT

医药大学堂
WWW.YIYAODXT.COM

（一）仪容仪表规范

仪容仪表是一个人内在涵养的外在表现，在人与人的交际过程中，是一张没有文字却生动形象的名片。仪容主要指一个人的容貌，包括五官搭配和发型衬托。仪表是指一个人的外表，包括人的容貌、服饰、体态和举止等方面，是一个人精神面貌的外现。医药职业者仪容仪表应做到仪表端庄，整洁大方，美观得体。

1. 整体效果　自然大方得体，符合工作需要，精神饱满，充满活力，整齐整洁。

2. 头发状态　勤洗发，理发；梳理整齐，无头皮屑，头发不染浅色、亮色，不留怪异发型；不披头散发，不用夸张发饰；男士发型得体整齐，女士发型清秀典雅。

3. 面部状态　应修饰面部，保持洁净，让人感到精神焕发有朝气。不留胡须，口齿无异味。女士可化干净、清爽的淡妆，但不可在他人面前化妆或补妆。

4. 着装要求　应着统一的岗位工作服，工作服要干净、平整、无尘垢、无脱线、保持领子、袖口干净、纽扣齐全扣好，在左胸规范佩戴工号牌（如有规定佩戴），按规范佩戴口罩（如有规定佩戴），不佩戴夸张饰品、内衣不外露。上班前不吃异味食品、不喝酒，勤洗澡、无体味，不使用浓烈香味的香水。

5. 手部状态　保持手部干净卫生、勤洗手，不涂有色指甲油、不留长指甲。

6. 鞋袜状态　干净整洁，无破损。

在公共场所需整理仪表时，应避开他人到卫生间或工作间进行；上班前应检查自己的仪表，做到着装整洁后方可上岗。

（二）仪态规范

仪态也叫仪姿、姿态，泛指人们在交往活动中所呈现出的各种姿态，它包括举止动作、神态表情和相对静止的体态。仪态是构成一个人外在美好的品格、素质、修养的重要因素。医药职业者应当举止稳重、端庄、得体。

1. 基本仪态规范　仪态自然美观，主动与人打招呼；言行礼貌得体，面带微笑，行走稳健挺拔，手势举止得当；保持优良作息，保持良好的精神状态，不带倦容，保持工作环境整洁。做到站立有相、落座有姿、行走有态。不随意对他人评头论足，不大声说话，不打听探究隐私，不透过给他人，不讲脏话。

2. 窗口服务仪态　站在窗口或导诊台，仪表整洁，动作规范，神态文雅，温和有礼，面带微笑。能给患者留下良好的印象，可增进彼此继续谈话的信心，提高患者的服药依从性。

二、廉洁自律

近年来，医药购销和医药服务中的不正之风，严重扰乱医疗秩序，败坏医德医风，甚至触犯法律底线。这其中就有所谓的商业目的"统方"。商业目的"统方"是指医院中个人或部门为医药营销人员提供医生或部门一定时期内临床用药量信息，供其发放药品回扣的行为。其后果是严重腐蚀了医药行业的精神灵魂，加剧了医患矛盾，造成医患之间的信用缺失，破坏了公平合理的医学伦理学原则。医药职业者一旦因"统方"受到刑事处罚，执业药师资格证书将被吊销并收回。医药职业者应拒绝收受"回扣"，合理用药，严格贯彻落实《加强医疗卫生行风建设"九不准"》文件精神，按章办事、不违反规定，不断提高廉洁行医的自觉性。

医药职业者在医药采购环节应该坚决不利用职务之便泄露有关信息，严禁药品购销和医疗服务中的药品"回扣"行为，杜绝"统方"现象的出现，不索取和非法收受患者财物，不利用职业之便谋取不正当利益，不收受医疗器械、药品、试剂等生产、经营企业或人员以各种名义、形式给予的回扣、提成。遵循公开、公平、公正、诚实信用原则，实施风清气正的"阳光工程"。

医药职业者在医药流通环节应遵守国家法律法规，不从事违法乱纪活动，自觉接受执法执纪部门监督检查；维护正常医疗秩序，履行行业自律守则、廉洁从业，通过公开公正的平台进行医药流通，依法经商，诚实守信；给医疗机构的捐赠不得针对个人和业务科室，严格按照相关法律规定执行。

医药行业管理机构应严格遵守法律法规，严查医药腐败，严惩失信行为，严格处理违法违规案件。

医药职业者应忠实履行对全社会负有的道德责任，只有医药职业者都做到廉洁自律、作风正派，才能不断推进医药行业收费更透明、医患关系更加和谐、药德更加廉洁，全心全意为患者提供更有质量、更有温度、更加安全的医药服务。

三、沟通交流

古希腊名医希波克拉底曾说过，医务人员有两种东西可以用于治病，一是药物，二是语言。语言作为一种内涵丰富的艺术，是沟通人类心灵的纽带，是交流情感的工具。掌握并运用良好的沟通交流方式能提升医药职业者的文化素养和职业道德，并对医药事业的发展有直接影响。在沟通交流时应注重以下四个方面。

（一）角色定位

在职场中，如何实现沟通能力的提升，关键是要找准自己的"位置"。因为沟通首先是一种站位，站在什么位置就说什么话。在面对沟通对象一定要有足够的耐心，多问、多听、少说。一段新的关系开始不能太过热情也不能冷若冰霜，要做到有问有答，和蔼可亲。

例如在医药零售实际工作中偶尔碰到只问价不买商品的老年人，容易被年轻的职业者所忽视。医药零售角色定位更多不是推销药品而是为患者解决痛苦，为其推荐最为合适的药品。事实上社会不断步入老龄化，老年顾客的购买力和需求较高，文化层次逐渐提升，与以往相比更注重高品质的服务，应从其经济状况、心理状况出发，为他们提供应有的服务。

（二）沟通心态

沟通是一种心态，有什么样的心态，就有什么样的沟通方式，正所谓"沟通从心开始"。心态是一个人成功的关键，生活中每一个成功者无不是心态的主人。在人际交往中，应从以下几种心态展现优良的沟通品质。

1. 积极心态　拥有积极的心态会为自己创造积极的沟通状态，好的沟通状态能够为沟通对象提供更好的情绪体验，表达善意与真诚。

2. 尊重心态　就是要求站在对方的角度去沟通，而不是站在自己的角度去沟通。医药职业者想要别人信任自己，首先就要换位体会，尊重对方的想法和感受，理解他人的难处并适时给予帮助。在沟通中尊重他人，平等待人，不分贵贱，不戴有色眼镜看人。注意在沟通对象说话时尽量不要打断对方、注意力不要分散、不要过早给出判断、寻找对方话语中的中心思想、给予及时的正向反馈。

3. 感恩心态　感恩是一种强大的精神力量。对人心存感恩之心，才会对人拥有敬畏之感。"感恩"在怀，能避免交往和沟通中出现的自大、自我、狂妄和傲慢，更适宜创造良好的沟通氛围，建立和谐的人际关系。

4. 欣赏心态　仅掌握了表面的赞美技巧，却没有欣赏的心态和眼光，再好的技巧也无用武之地。作为医药职业者，内心没有欣赏的眼光和感恩的心态，即使微笑，也是死板和僵化的。用心沟通，及时送上赞美的语言，就会收到事半功倍的效果，甚至可能会影响到自身的职业生涯。要学会欣赏和真诚赞美，因为只有懂得欣赏别人，才会真诚赞美别人。

（三）沟通方式

1. 选择合适的沟通方式　不同场合采用不同的沟通方式。正式场合表达内容和采取的形式应当庄重，非正式场合可以稍显随意。在面对具体的场合也要适当作出调整和改变，要学会随机应变。

医药职业者一般使用的沟通方式是灵活运用礼貌性语言、安慰性语言、谨慎性语言、针对性语言。礼貌性语言"请""您"等字眼能为患者带来温暖的感受，能避免很多药患纠纷；安慰性语言和耐心温柔的话语能增强患者的治疗信心；谨慎性语言能避免过度专业化和缩略语句造成的理解不便，保护和维护患者的尊严；针对性语言能个性化地给予每位患者以不同的语言需求。与此同时还应搭配肢体语言进行补充，努力做好一个倾听者的角色，面带笑容，自然大方，和蔼可亲，快速准确调配药物，耐心地交代用法用量，获取患者信赖。

2. 语言言简意赅　沟通时话题应明确、言简意赅，能够让对方很快就能明白自己要表达的意图。如某些话题不能直接提出，可根据对方兴趣开启话题再慢慢转移和引导到自己的话题上。如遇到不熟悉不能理解的问题，可以用例如"能否让我先总结一下您的意思是不是这样的？""能否举个例子呢？"的语句获得沟通对象的回应。

3. 非语言沟通　是相对于语言沟通而言的，是指通过身体动作、体态、语气语调、空间距离等方式交流信息、进行沟通的过程。

（1）眼神　与人说话时，目光集中注视对方；听人说话时，应看着对方的眼睛，但不可盯着一直看。一般来说对视控制在3秒及以内为好。与患者说话时，应用温柔而和煦的眼神，给患者以内心的支撑。

（2）微笑　是沟通的桥梁，不仅能缩短和他人的距离，还能传情达意。在沟通时要保持微笑，笑容应自然和真诚，以获得对方的好感。

（四）沟通方法

医药职业者的语言要以文明礼貌为前提，严谨规范为原则，清晰明了、通俗易懂、有情感性、规范性和保密性，能体现对他人的尊重、理解和关心。沟通讲究方法和技巧，通常可应用以下几种沟通方法。

1. 问题沟通法　沟通交流当中，想要打开一段对话最优的方式就是提出问题，学会提问更容易掌握沟通主动权。

2. 关键词沟通　沟通交流时，把握住关键词或关键信息，使得沟通更有效率。例如与患者沟通时能够从其日常表述中抓住关键病情表征，从而找出用药依据。

3. 构建认同沟通　在认同对方的观点前提下表达自己的观点更容易取信对方。

4. 三明治沟通法　就是在进行沟通的时候一次性表述三层意思。第一层是正面地肯定努力，第二层是指出问题所在，第三层是正面地展望未来，积极肯定成果。例如面对做事拖拉的同事时，可以这么说："最近你辛苦了，工作非常的努力，大家都看在眼里，你的能力也是大家有目共睹的。但是这几天，我觉得你工作进程有点缓慢，情绪也不是很稳定，你看你是不是需要自己调整一下心态？这样我们的团队整体上就更棒了，大家也会更加有干劲。"这种方式既不会打击别人的积极性，又能适时地提出自己的建议和要求。

"良言一句三冬暖，恶语伤人六月寒"，沟通方法和技巧在医药职业生涯中有不可替代的关键作用。掌握并运用良好的沟通交流方式能提升医药职业者的文化素养和药德水平，促进社会文明进步，为人民健康服务作出更大贡献。

实训八　模拟药房情景剧

【实践目的】

1. 通过模拟药房情景剧，增加对医药职业工作的感性认识。
2. 训练沟通技巧。

【实训准备】

1. 场所　教室或模拟药房。
2. 材料　情景剧剧本。

【实训步骤】

1. 教师布置作业并提出相关要求。
2. 6~8个同学为一组，每组演出时长控制在10~15分钟，对照考核内容及标准自编自导自演情景剧。
3. 学生和教师按照一定比例（学生30%、教师70%）为小组打分。
4. 教师对各小组表现进行点评并总结。

【实训评价】

学生自评

评价内容	评分标准	得分
主题内容（10分）	主旨鲜明、内容健康向上	
仪容仪表（10分）	仪表大方、谈吐自如、富有朝气	
语言表达（10分）	声音清晰、言简意赅、语言艺术	
表演艺术（45分）	新颖个性、表演娴熟、别具一格、表现富有感染力	
团队合作（15分）	认真、细致、富有团队协作精神	
时间合理（10分）	在规定时间内完成，时间分配合理	
总分		

教师评价

评价内容	评分标准	得分
知识与技能评价（80分）	仪表大方、谈吐自如、富有朝气	
	声音清晰、言简意赅、语言艺术	
	新颖个性、表演娴熟、别具一格、表现富有感染力	
	在规定时间内完成，时间分配合理	
	主旨鲜明、内容健康向上，时间分配合理	
素质评价（20分）	认真、细致、富有团队协作精神	
总分		

【实训思考】

1. 如何通过沟通建立良好的医患关系？

2. 通过本次情景剧实训，你认为可以从哪几个方面加强沟通技巧？

本章小结

　　医药职业者综合素养是医药职业道德的重要组成部分。医药职业者必须具备高度的医药职业素养，自觉地用职业道德标准严格要求自己，树立通过本职工作服务于人民健康，奉献于社会的思想。这要求医药职业者能遵守从业规范、达到基本素质要求、严守日常行为规范。

　　近年来，医药行业的战略地位迅速提升，医疗行业发生巨大变革。医药职业者"以患者为中心"的核心价值观越来越被大众所肯定。医药职业者必须将履行医药职业者的职责，将人民健康这一重要使命和责任担负在身。

习题

题库

一、选择题（单选题 1~5，多选题 6）

1. 对用药不适宜的处方，医药职业者应采取的措施是（　　）。

　　A. 服从医师处方

　　B. 及时告知处方医师确认或者重新开具

　　C. 拒绝调剂

　　D. 自行更改处方

2. 医药职业者的行为规范主要包括（　　）。

　　A. 执行《药品管理法》，科学指导合理用药，保障用药安全、有效

　　B. 认真履行查对调剂处方职责，严格履行处方合法性、用药适宜性审核职责

　　C. 严格执行药品采购等制度，加强药品不良反应监测

　　D. 协同医师做好药物使用遴选和患者用药的解释说明

　　E. 以上全部

3. 关于医药从业人员行为规范，说法正确的是（　　）。

医药大学堂
WWW.YIYAODXT.COM

A. 可以在执业场所以外从事药品相关业务

B. 不得使用非正常途径采购的药品

C. 没有解答用药疑问的义务

D. 可以随时随意统计用药处方

E. 可以随意使用任何渠道所得药品

4. 医患沟通的工作性沟通是指（　　）。

A. 了解患者的感知　　　　　　　　B. 了解患者的病史

C. 告知和征求意见　　　　　　　　D. 心理治疗

5. 非语言沟通不包括（　　）。

A. 手势　　　　　　　　　　　　　B. 姿势

C. 话题　　　　　　　　　　　　　D. 触摸

6. 医药职业者在沟通时一般运用（　　）。

A. 礼貌性语言　　　　　　　　　　B. 安慰性语言

C. 谨慎性语言　　　　　　　　　　D. 针对性语言

二、简答题

1. 医药职业者的综合素养应当从哪几个方面着手提升？

2. 简述用药规范的主要内容。

3. 作为医药职业者可以从哪些方面提高自身的服务意识？

附录　医药职业道德文献选读

《伤寒杂病论》自序节选

（东汉）张仲景

余每览越人入虢之诊，望齐侯之色，未尝不慨然叹其才秀也。怪当今居世之士，曾不留神医药，精究方术，上以疗君亲之疾，下以救贫贱之厄，中以保身长全，以养其生，但竞逐荣势，企踵权豪，孜孜汲汲，惟名利是务；崇饰其末，忽弃其本，华其外而悴其内，皮之不存，毛将安附焉？卒然遭邪风之气，婴非常之疾，患及祸至，而方震栗，降志屈节，钦望巫祝，告穷归天，束手受败。赍百年之寿命，持至贵之重器，委付凡医，恣其所措，咄嗟呜呼！厥身已毙，神明消灭，变为异物，幽潜重泉，徒为啼泣。痛夫！举世昏迷，莫能觉悟，不惜其命，若是轻生，彼何荣势之云哉！而进不能爱人知人，退不能爱身知己，遇灾值祸，身居厄地，蒙蒙昧昧，蠢若游魂。哀乎！趋世之士，驰竞浮华，不固根本，忘躯徇物，危若冰谷，至于是也。

《千金方·论大医精诚》

（唐）孙思邈

张湛曰：夫经方之难精，由来尚矣。今病有内同而外异，亦有内异而外同，故五脏六腑之盈虚，血脉荣卫之通塞，固非耳目之所察，必先诊候以审之。而寸口关尺有浮沉弦紧之乱，腧穴流注有高下浅深之差，肌肤筋骨有厚薄刚柔之异，唯用心精微者，始可与言于兹矣。今以至精至微之事，求之于至粗至浅之思，岂不殆哉！若盈而益之，虚而损之，通而彻之，塞而壅之，寒而冷之，热而温之，是重加其疾，而望其生，吾见其死矣。故医方卜筮，艺能之难精者也。既非神授，何以得其幽微？世有愚者，读方三年，便谓天下无病可治；及治病三年，乃知天下无方可用。故学者必须博极医源，精勤不倦，不得道听途说，而言医道已了，深自误哉。

凡大医治病，必当安神定志，无欲无求，先发大慈恻隐之心，誓愿普救含灵之苦。若有疾厄来求救者，不得问其贵贱贫富，长幼妍媸，怨亲善友，华夷愚智，普同一等，皆如至亲之想。亦不得瞻前顾后，自虑吉凶，护惜身命。见彼苦恼，若己有之，深心凄怆。勿避险巇、昼夜寒暑、饥渴疲劳，一心赴救，无作工夫形迹之心。如此可为苍生大医，反此则是含灵巨贼。自古名贤治病，多用生命以济危急，虽曰贱畜贵人，至于爱命，人畜一也，损彼益己，物情同患，况于人乎。夫杀生求生，去生更远。吾今此方，所以不用生命为药者，良由此也。其虻虫、水蛭之属，市有先死者，则市而用之，不在此例。只如鸡卵一物，以其混沌未分，必有大段要急之处，不得已隐忍而用之。能不用者，斯为大哲，亦所不及也。其有患疮痍下痢，臭秽不可瞻视，人所恶见者，但发惭愧、凄怜、忧恤之意，不得起一念蒂芥之心，是吾之志也。

夫大医之体，欲得澄神内视，望之俨然。宽裕汪汪，不皎不昧。省病诊疾，至意深心。详察形候，纤毫勿失。处判针药，无得参差。虽曰病宜速救，要须临事不惑。唯当审谛覃思，不得于性命之上，率尔自逞俊快，邀射名誉，甚不仁矣。又到病家，纵绮罗满目，勿左右顾眄；丝竹凑耳，无得似有所娱；珍羞迭荐，食如无味；醽醁兼陈，看有若无。所以尔者，夫一人向隅，满堂不乐，而况患者苦楚，不离斯须，而医者安然欢娱，傲然自得，兹乃人神之所共耻，至人之所不为，斯盖医之本意也。

夫为医之法，不得多语调笑，谈谑喧哗，道说是非，议论人物，炫耀声名，訾毁诸医。自矜己德。偶然治瘥一病，则昂头戴面，而有自许之貌，谓天下无双，此医人之膏肓也。老君曰：人行阳德，人自报之；人行阴德，鬼神报之。人行阳恶，人自报之；人行阴恶，鬼神害之。寻此二途，阴阳报施岂诬也哉。

所以医人不得恃己所长，专心经略财物，但作救苦之心，于冥运道中，自感多福者耳。又不得以彼富贵，处以珍贵之药，令彼难求，自炫功能，谅非忠恕之道。志存救济，故亦曲碎论之，学者不可耻言之鄙俚也。

医家十要——《万病回春》
（明）龚廷贤

一存仁心，乃是良箴，博施济众，惠泽斯深。
二通儒道，儒医世宝，道理贵明，群书当考。
三精脉理，宜分表里，指下既明，沉疴可起。
四识病原，生死敢言，医家至此，始至专门。
五知气运，以明岁序，补泻温凉，按时处治。
六明经络，认病不错，脏腑洞然，今之扁鹊。
七识药性，立方应病，不辨温凉，恐伤性命。
八会炮制，火候详细，太过不及，安危所系。
九莫嫉妒，因人好恶，天理昭然，速当悔晤。
十匆重利，当存仁义，贫富虽殊，药施无二。

医家五戒十要
——《外科正宗》
（明）陈实功

一戒：凡病家大小贫富人等，请观者便可往之，勿得迟延厌弃，欲往而不往，不为平易。药金毋论轻重有无，当尽力一例施与，自然阴骘日增，无伤分寸。

二戒：凡视妇女及孀尼僧人等，必侯侍者在旁，然后入房诊视，倘旁无伴，不可自看。假有不便之患，更宜真诚窥睹，虽对内人不可谈，此因闺阃故也。

三戒：不得出脱病家珠珀珍贵等送家合药，以虚存假换，如果该用，令彼自制入之。倘服不效，自无疑谤，亦不得称赞彼家物色之好，凡此等非君子也。

四戒：凡救世者，不可行乐登山，携酒游玩，又不可片时离去家中。凡有抱病至者，必当亲视用意发药，又要依经写出药帖，必不可杜撰药方，受人驳问。

五戒：凡娼妓及私伙家请看，亦当正己视如良家子女，不可他意见戏，以取不正，视毕便回。贫窘者药金可璧，看回只可与药，不可再去，以希邪淫之报。

一要：先知儒理，然后方知医理，或内或外，勤读先古名医确论之书，须旦夕手不释卷，一一参明融化机变，印之在心，慧之于目，凡临证时自无差谬矣。

二要：选买药品，必遵雷公炮炙，药有依方侑合者，又有因病随时加减者，汤散宜近备，丸丹须预制，膏药愈久愈灵，线药越陈越异，药不吝珍，终久必济。

三要：凡乡井同道之士，不可生轻侮傲慢之心，切要谦和谨慎，年尊者恭敬之，有学者师事之，骄傲者逊让之，不及者荐拔之，如此自无谤怨，信和为贵也。

四要：治家与治病同，人之不惜元气，斫丧太过，百病生焉，轻则支离身体，重则丧命。治家若不固根本而奢华，费用太过，轻则无积，重则贫窭。

五要：人之受命于天，不可负天之命。凡欲进取，当知彼心顺否，体认天道顺逆，凡顺取，人缘相庆，逆取，子孙不吉。为人何不轻利远害，以防还报之业也？

六要：里中亲友人情，除婚丧疾病庆贺外，其余家务，至于馈送往来，不可求奇好胜。凡飨只可一鱼一菜，一则省费，二则惜禄，谓广求不如俭用。

七要：贫穷之家及游食僧道衙门差役人等，凡来看病，不可要他药钱，只当奉药。再遇贫难者，当量力微赠，方为仁术，不然有药而无伙食者，命亦难保也。

八要：凡有所蓄，随其大小，便当置买产业以为根本，不可买玩器及不紧物件，浪费钱财。又不可做银会酒会，有妨生意，必当一例禁之，自绝谤怨。

九要：凡室中所用各种物具，俱要精备齐整，不得临时缺少。又古今前贤书籍，及近时明公新刊医理词说，必寻参看以资学问，此诚为医家之本务也。

十要：凡奉官衙所请，必要速去，无得怠缓，要诚意恭敬，告明病源，开具药方。病愈之后，不得图求匾礼，亦不得言说民情，至生罪戾。间不近公，自当守法。

药师信条
—《广济医刊》第 12 卷（1935）

技术须迅速而精密以利业务的发展

动作须活泼而谨慎以免忙中的错误

施行仁术以尽慈善之义务

依照药典以重病民之生命

制造调配确实以增新医之声誉

清洁整齐弗怠以释外人之疑虑

不许冒充医师以清职业之界限

不许诽谤他人以丧自己之人格

非礼之心勿存养成规矩的态度

非义之利勿取养成正当的行为

勿卖假药须清白的辨别

勿买仇货须切实的觉悟

弗配害人之处方本良心而尽天职

弗售毒杀之药品恃药律以保民生

遵守旧道德以除一切之不正

遵守新生活以除一切之恶习

疑事切弗自专以减过失

余暇多看书报以广知识

凡事须亲自操作以免隔阂之弊

每日摘记要以免穷思之苦

希波克拉底誓言

仰赖医神阿波罗、艾斯克雷彼思及天地诸神为证，鄙人敬谨宣誓，愿以自身能力及判断力所及，遵守此约。凡授我艺者，敬之如父母，作为终身同世伴侣。彼有急需，我接济之。视彼儿女，犹我弟兄。如欲受业，当免费并无条件传授之。凡我所知，无论口授书传。但传吾子，吾师之子及发誓遵守此约之生徒，此外不传与他人。

我愿尽余之能力与判断力所及，遵守为病家谋利益之信条，并检束一切堕落及害人行为，我不得将危害药品给予他人，并不做此项直指导，虽然人请求亦必不与人。尤不为妇人施堕胎手术。我愿以此纯洁神圣之精神终生执行我职务。凡我不施手术，此则有待于专家为之。

无论至于何处，遇男或女，贵人及奴婢，我唯一之目的，为病家谋幸福，并检点吾身，不作各种害人及恶劣行为，尤不作诱奸之事。凡我所见所闻，无论有业务关系，我认为应守秘密者，我愿保守秘密。倘使我严守上述誓言时，请求神灵，让我生命中医术才能得以无上光荣，我若违誓，天地鬼神共殛之！

迈蒙尼提斯祷文

永生之上天既命予善顾世人生命之康健，惟愿予爱护医道之心策予前进，无时或已。毋令食欲、齐念、虚荣，名利侵扰子怀，盖此种种胥属真理与慈善之敌，足以使予受其诱而忘却为人类谋幸福之高尚目标。

愿吾视患者如受难之同胞。

愿天赐予以精力、时间与机会，俾得学业日进，见闻日广，盖知也无涯，消涓日积，方成江河。且世间医术日新，觉今是而昨非，至明日又悟今日之非矣。

神乎，汝既命子善视世人之生死，则子谨以此身许职，于今为子之职业祷告上天：

事功艰且巨；愿神全我功。愿绝名利心，服务一念诚。

若无神佑助，人力每有穷。神请求体健，尽力医患者。

启我爱医术，复爱世间人。无分爱与憎，不问富与贫。

存心好名利，真理日沉沦。凡诸疾病者，一视如同仁。

中华人民共和国医学生誓词

我志愿献身医学，热爱祖国，忠于人民，恪守医德，尊师守纪，刻苦钻研，孜孜不倦，精益求精，全面发展。我决心竭尽全力除人类之病痛，助健康之完美，维护医术的圣洁和荣誉。救死扶伤，不辞艰辛，执着追求，为祖国医药卫生事业的发展和人类身心健康奋斗终生。

健康所系，性命相托。

参考答案

第一章

1. A 2. B 3. D 4. C 5. B 6. ABCD 7. ABCD 8. ABCD

第二章

1. A 2. B 3. C 4. D 5. D 6. ABCD 7. ABC 8. ABCD

第三章

1. C 2. B 3. C 4. D 5. A 6. A 7. A 8. A 9. ABC 10. ABCD

第四章

1. A 2. B 3. C 4. D 5. A

第五章

1. B 2. D 3. B 4. A 5. D 6. C 7. C 8. D

第六章

1. B 2. C 3. A 4. E 5. A 6. E 7. ABCDE 8. ABDE

第七章

1. C 2. E 3. C 4. A 5. C 6. ABC 7. AB 8. ABCD

第八章

1. B 2. E 3. B 4. C 5. C 6. ABCD

参考文献

［1］任文霞. 医药职业道德［M］. 北京：中国医药科技出版社，2020.

［2］王香平，刘芳. 医德修养［M］. 北京：中国协和医科大学出版社，2014.

［3］颜景霞. 医学伦理学［M］. 南京：江苏科学技术出版社，2012.

［4］梁秀莲. 医药行业职业道德与就业指导［M］. 北京：中国医药科技出版社，2016.

［5］张云飞. 药者仁心　医药职业道德案例读本［M］. 浙江：宁波出版社，2017.

［6］赵迎欢，医药伦理学［M］. 北京：中国医药科技出版社，2019.

［7］王明旭，赵明杰. 医学伦理学［M］. 北京：人民卫生出版社，2019.

［8］苏碧芳，陈兰云. 卫生法律法规［M］. 北京：人民卫生出版社，2020.

［9］陈红艳，时健. 药事管理与法规［M］. 北京：科学出版社，2014.

［10］陈坚. 医药类高职院校药德教育现状与提升路径研究［J］. 现代医药卫生，2015（05）：776 – 778.

［11］陈瑶. 医药类院校"三课堂联动"药德教育模式应用与实践［J］. 中国药业，2018（12）：95 – 97.

［12］王华锋，王玖姣. 医药类高职院校加强药德教育的实践与思考［J］. 学校党建与思想教育，2016（08）：38 – 40.

［13］叶姣云，李范珠，葛松松. 高等医学院校开展药学职业道德教育新探［J］. 药学教育，2013（06）：13 – 15.